KB273093

걸어온 발자취

걸어온 발자취

작사·시 권기동

좋은땅

살갑게 살고 싶소

나는 담았소 당신의 마음 나는 보았소 당신의 눈빛

세월은 흘러가도 그대는 변치 않으리

나는 읽었소 속가슴까지 나는 정했소 그대와 동반

잔잔한 호수 위에 원앙이듯 살고 싶소

비가 내리면 우산을 씌어 주고 추워지면 군불 때 주며

당신과 훤한 웃음꽃이듯 살갑게 살고 싶소

이전에 왜 몰랐을까

보면 볼수록 가면 갈수록 내 마음속 채워 주려는 너

진즉에 왜 몰랐을까 이전에 왜 몰랐을까

이리 보아도 천생연분에 저리 보아도 내 반쪽인데

등잔 밑이 어둡다더니 한 치 앞을 못 봤소

세월 흘러도 세상 변해도 올곧은 마음 올곧은 행실

진즉에 왜 몰랐을까 이전에 왜 몰랐을까

속가슴 움켜쥐고 울어야 합니까

해 지더니 달도 지고 하나뿐인 그 사람도 떠나가니

어둠 속 묻혀 속가슴 두드리다 마는가

무정한 세월 흐려진 추억 이쯤에 접자 다짐을 해도

눈앞에 선해 벌떡 일어나 창문을 열며

하늘이시여 땅이시여 내 잘못이 뭐 그리도 크기에

캄캄한 밤중에 속가슴 움켜쥐고 울어야 합니까

후회될 줄 꿈에도 몰랐소

당신의 속마음 하나 믿고 믿고 또 믿고 찾아왔다가

시들어지는 시선 피하려 돌아서려도

웃었던 날들 좋았던 일들 눈앞에 선해 발길 멈추고

오도 가지도 못하면서 멍하니 서 있네

당신 마음 얼마나 식었으면 요렇게 속가슴 쓰릴까

믿고 믿었기에 후회될 줄은 꿈에도 몰랐소

난 누굴 따라가야 해

인생살이 살아가다 보니 맑았던 인연 흐렸던 추억

한 번쯤 없었다면 아마도 거짓이겠지

해맑은 웃음들 내친 적 없고 묻어 버린 적 없었는데

바람이듯 사라지니 미움만 남았는데

세월만 가나 청춘도 가지 남은 거라고 미움뿐인데

이제 난 어디로 가야 해 난 누굴 따라가야 해

모두 다 거짓말이야

버리자 하니 허망해지고 가지려 하니 부담되는데

고달픔도 나는 좋소 힘들어도 참겠소

쉬운 인연이 어디에 있나 견디다 보면 뭔가 있겠지

은행나무도 마주 봐야 열매 열리는데

건성건성 사랑하다가 후회한 사람 한두 명이더냐

누가 사랑을 안다고 했나 모두 다 거짓말이야

쉬었다 가는 인생이 아니냐

술잔을 부딪치며 브라보 브라보 축배하자 친구야

고향 친구야 소꿉친구야 나의 친구야

나 먼저 가면 부탁하고파 너 먼저 가면 내가 책임져

출생에 순서 있어도 가는 데 순서 없다

온몸을 흔들면서 신나게 즐겁게 춤추자고 친구야

한번 태어나 잠시 쉬었다 가는 인생이 아니냐

얄미운 사람아

둥지에 새알 훔쳐 가듯이 통째 사랑 훔쳐만 가기요

인생도 훔쳐 마음도 훔친 얄미운 사람

빈 둥지 하나 남겨 두고서 떠나 버리면 나는 어떡해

구름에 비 올 줄 알아도 떠날 줄 몰랐다

난 어쩌라고 어떡하라고 네가 없는데 난 어쩌라고

하늘과 땅이 무섭지도 않느냐 얄미운 사람아

그대만은 놓지 못하지

깊어진 한밤중에 그리움 서려 한없이 보고파지는

언제까지 그리움 접고 보고픔 잊을까

손잡고 걸어가며 웃어 주던 그 추억 꿈들만 같은데

이제 다시 나타난다면 놓치지 않겠소

세월이 흘러 세상 변해도 나 그대만은 놓지 못하고

밤에나 낮에나 난 그대만은 놓지 못하지

사나이 발길 무거운 발길

네온 빛들이 무아지경에 춤을 추는 밤

술잔에 젖어 눈빛에 젖어 부질없지만 착각 하나로

싱글벙글 인생 파노라마 꿈을 꾸던 밤

망각의 추억 환상의 망상 무용지물인 줄 알면서도

허전한 가슴 텅텅 빈 마음 채우지 못해

눈물 감추고 돌아서려는 사나이 발길 무거운 발길

사랑했다고 전세더냐고

어쩌다 사랑 한 번 했다고 네 것이더냐

구름이듯이 떠나 버리고 바람이듯이 스쳐도 가지

어쩌다 마음 한 번 줬다고 붙박이 아냐

소낙비이듯 퍼붓다가도 강물이듯이 떠내려가지

사랑은 물레이듯 돌고도 돌아가는 것

마음 준다고 붙박이더냐 사랑했다고 전세더냐고

놓아 달라고 말을 하든지

미련 가득 묶어 놓고 말없이 떠난 사람

말 못할 사연 뭐 그리 많아 도망치듯이 떠나 버렸어

갈 때는 가더라도 한마디 하고 떠나지

영영 이별 아니면 귀띔 한마디 하고 떠나면 어때서

사연들 알 수 없어 오해가 산더미잖아

기다리라고 말을 하든지 놓아 달라고 말을 하든지

쪼잔한 남자 뭐 하는 남자

떠나려면 가는 거고 대장부가 있으려면 있는 거지

이랬다저랬다 쫀쫀한 남자 뭐 하는 남자

사내자식이 한번 뱉은 말 죽는 날까지 책임져야지

바람 앞에 등불처럼 약해서야 되겠느냐

뜨뜻미지근 사내 뭐에 써 한다면 하고 아니면 말지

이랬다저랬다 쪼잔한 남자 뭐 하는 남자

그렁그렁 고이는 눈물

바닷가 모래밭을 뚜벅뚜벅 혼자 걷자니

해풍도 살며시 머리카락 휘저으며 귓불을 스치고

콧등 시큰거리며 그렁그렁 고이는 눈물

수평선 일렁이며 밀려 드는 저 포말은 속마음 알까

파도도 야속하지만 바다도 얄미워져요

그렁그렁 고이는 눈물 포말들은 이내 마음 알라나

정신 똑바로 차려라

가고 싶다고 맘대로 가니 있고 싶다고 맘대로 있니

독불장군도 분수가 있지 고집불통아

나라는 사람 안중에 없고 안하무인에 자존심 상해

허송세월 속 묻혀가야만 사랑이더냐

오고 싶다고 맘대로 오니 가고 싶다고 맘대로 가니

남 눈이 있고 이목 있지 정신 똑바로 차려라

겉보리야 춤이 나오나

봄내 음속 청보리야 앉은뱅이 파릇파릇 청보리야

꽃샘추위 속 봄바람에도 한결 같구나

그 임이 떠난 이 내 가슴속 수 삼 년 지난 세월임에도

못 잊어 안달 난 기다림 속 고통뿐인데

사오월 한들한들 누렇게 익느냐 뭐가 좋아 일렁여

마음속은 애가 타는데 겉보리야 춤이 나오나

잠시 잠깐만 틈새 내 주면

잠시 잠깐만 틈새 내 주면 하고 싶은 말들도 많은데

뭐 그리 도도하기에 못 본 체 외면하나

고기는 씹어야 맛이고 사랑은 나눠야 열매 열리지

바람에 구름 가듯이 만나봄이 어때요

남과 남의 만남으로 첫술인데 배부를 수 없잖아요

잠시 잠깐만 틈새 내 주면 할 말들이 많은데

날 새자 그치는 눈물

모닥불 온기처럼 구들장 온기처럼 따스하던 사람

하얀 밤 지새우며 새벽에 그치던 웃음

해맑던 웃음 수줍던 몸짓 바라본 지가 언제이던가

밤하늘 쳐다보니 별들도 잠들었는데

추억에 묻으려 해도 세월에 지우려 해도 부질없어

밤새도록 고이다가 날 새자 그치는 눈물

울컥한 마음속 가늘 길 없어

가지말라는 무언의 눈빛이 먼 산만을 바라볼 때면

눈시울 뜨거워져 이슬이 맺혀지는데

기억해 주고 잊지 말라는 말은 없어도 슬픔의 향수

돌고 돌아서 굽이굽이길 찾아왔어도

마르지 않는 눈가의 이슬 촉촉하게도 흘러내려요

뭉클한 속가슴 울컥한 마음속 가늘 길 없어

인연이면 멀리 안 가요

원망 말랬지 원망은 왜 해 후회 말랬지 후회는 왜 해

만났다가도 헤어지는 게 다반사인데

당장에 못 보더라도 언젠가는 또 만나면 되는 거지

아침이슬 사라졌다 밤이면 찾아오지

미워 말랬지 언젠가는 또 만나야 할 인연인지 몰라

인연이면 멀리 안 가요 언젠가 돌아온다고

사랑 가치 아니냐고

그대가 헤어지자면 정말로 내가 싫어 헤어지자면
하는 수 없지 받아 줘야죠 버텨서 뭐 해
진심이 아니라치면 진정이 아니라면 멈추면 해서
오해하면서 싫증도 나고 권태기인지
진심이라면 믿음의 사랑인데도 오해는 말아야지
헛소리 말고 믿어 주면 사랑 가치 아니냐고

떠돌다 마는 인생인가 봐

마음속에는 눈물이 고여 가슴속에 열불이 났어도
옆에 있을 땐 몰랐고 떠난 뒤에 알았소
그리워지며 보고 싶다가 후회되더니 보고 싶어져
있을 때 잘할 걸 후회한들 그 무슨 소용
헤어지면 이별이란 걸 꿈에도 정말 진정 몰랐는데
바람결에 구름 타고 떠돌다 마는 인생인가 봐

안아 주려도 마음뿐인 걸

긴 머리 매만지며 수줍어 웃어 주던 나만의 여인아

그 모습에 그 웃음이 눈앞에 선한데도

한 해 두 해 적잖은 세월이 흘렀어도 속마음 그대로

달빛 밝은 창문 열고 달님에 얹어 보니

치렁치렁 긴 머리 수줍어 웃어 주던 모습은 그대로

토닥토닥 보듬어 안아 주려도 마음뿐인 걸

희귀한 인생사

찌릿한 만남은 알았어도 눈물 속 이별은 몰랐는데

웃음꽃이란 짧게 피다가 지는 꽃이냐

가슴팍에 기대일 때는 천년만년 갈 걸로 믿었는데

인생살이 삶은 알다가도 모르겠는걸

비 오면 비 맞고 눈 오면 눈 맞는 허무한 인생사더냐

웃음길 걷다가도 눈물길 만나는 희귀한 인생사

눈빛이라도 쏘아 주면 해

나는 몰랐소 진정 몰랐소 그대의 눈빛 미처 몰랐소

다가설 용기 없으면 눈치라도 건네주지

멀리서 보고만 있었소 다가서기가 그렇게 힘드셨소

그리움 밀려드는데 감내가 힘들던가요

마음만은 앞서 가는데 발길이 떨어지지 않던가요

오늘 용기를 내게 눈빛이라도 쏘아 주면 해

팔자인가 하노라

웃으며 손잡고 걸어가야 할 길 멈추었다 치더라도

지금도 걸으려는 마음의 길 열렸는데

추억이 아무리 아름답다 해도 멈춰지면 지난 얘기

영원한 추억이련가 고난의 반항인가

갈 길 바빴고 꿈도 컸지만 한 사람 보고 달려왔건만

마음대로 되는 게 없으니 팔자인가 하노라

나는 바다의 어부다

비바람 이불 삼아 파도를 베개 삼아 일터로 나가는

바다의 사나이 파도와 싸우는 난 어부다

태풍 파도가 덮쳐 오고 해일이 일면 어부들 쉬는 날

아내 자식 오순도순 웃고 웃는 즐거운 날

만선엔 어깨춤도 절로 나오고 빈 배면 한숨이 가득

오늘 쉬어도 내일의 일터인 나는 바다의 어부다

놀다 가세 쉬어 나가세

세월 따라 저물어 가는 인생 원망 말자

피었다지는 꽃은 새봄이면 파릇파릇 환생하건만

요놈의 인생 한 번 지면 다시 못 피는지

비바람 여름 태풍 홍수 겨울엔 눈보라로 내리건만

한밤에 뜬 저 둥근달 부럽기만 하구나

놀다 가세 쉬어 가세 젊어서 놀다 가세 쉬어 나가세

넌 말짱 도루묵이야

너 넌 세상 불만들 쌓아 놓고 원망에 집착하는데

아무리 설쳐 대며 뛰어 봤자 벼룩이야

나나날 바보로 취급하다 언젠가는 큰코다쳐요

굼벵이도 밟히고 나면 꿈틀한다는데

너 제아무리 큰소리쳐도 우물 안 개구리 신세지

나 없으면 너 넌 너 넌 말짱 도루묵이야

밤 쟈스민 향 그대가 난 좋소

그대의 입술 아침 숭늉에 낮엔 커피에 밤 쟈스민 향

그대 옆 하루도 못 떠나는 이유라오

생각지 못한 이별 온대도 숨 쉴 때까진 행복하리라

마주 볼 순 없어도 일편단심이니까

그대의 온기 있으면 좋고 없으면 어때 마음먹기지

아침 숭늉 낮 커피 밤 쟈스민 향 그대가 난 좋소

제발 나대지 말라니까

나만 바라봐 나대지 말고 나만 바라봐 나대지 말고

속마음을 알잖아 해바라기 마음이란 걸

참말 믿어 봐 딴소리 말고 참말 믿어 봐 헛소리 말고

무릉도원 생각다가 부엉이 둥지도 놓쳐

나만 따라와 나대지 말고 나만 따라와 나대지 말고

무릉도원 저리 가란데 제발 나대지 마라니까

한없이 나는 좋소 그대가

그대가 도망치듯이 멀리 저 멀리 바다 건너 떠나도

저 바닷물이 존재하는 한 포기란 없소

그대가 세상을 등지고 하늘나라로 떠난다 한데도

가슴속에 묻고 저승에 가 만나 보리라

그대가 머무는 곳이면 하늘이던 땅이던 나는 좋소

난 좋소 그대가 한없이 나는 좋소 그대가

영혼 담은 앵두 입술

한밤을 지새워 가며 앵두 입술에 영혼을 묻었지만

사랑이란 달고도 쓰더라 요상하드라

한동안 손바닥 올려놓고 공깃돌 다루듯 하더니만

웃음 반 신경질 반 불안 속 침묵만 흘러

앵두 입술에 취한 인생아 한밤중 영혼 묻던 사람아

사랑은 시리다 뜨거워 영혼 담은 앵두 입술

눈뜨니 이별이드라

꿈을 안고 달렸다 발바닥 땀이 나도록

사랑 뭐 그리 도도하기에 인수봉처럼 끄떡도 안 해

앞만 보고 뛰었다 이마빡 구슬땀 나게

울창 숲속에 낙엽 쌓이고 사랑 심은 데 웃음꽃 피지

붙잡아 가며 매달려 보고 애원해 봐도

사랑에 취했다가 정신 차리고 눈뜨니 이별이드라

사랑이 전부라기보다

한 사람 위한 내 인생 전부라기보다 반반이 넘는데
위선도 아냐 반항도 아냐 진실뿐인데
왜 몰라줄까 왜 몰라주나 허물어지는 여인 마음을
비 온 뒤 무지개 뜨듯 반겨 주면 어때서
한 사람 위한 그리움이 요리도 길 줄은 생각 못 했소
사랑이 전부라기보다 반반이 넘지를 않소

인생연분인데

올 거야 말 거야 온다면 오든지 내게 올 거야 말 거야
사랑 붙들고 저울질하면 못 쓴다잖아
오려면 오든지 아니면 말든지 짜증 나게 하지 마라
이왕에 오려면 눈 딱 감고 웃으며 와봐
아니면 말든지 아니면 말든지 내게 관심도 크잖아
너와 사랑 하늘 아래 둘도 없는 인생연분인데

자존심 구겨가며

너 하나 없다고 내가 뭐 쪼그라져서 살 줄로 아는지

걱정들 말았으면 좋겠어 신경 끄시라

싫어도 좋은 척 참다 보니 이래저래 자존심만 상해

너 없이 못살 것 같았으면 매달렸겠지

없어도 있는 것처럼 있어도 없는 것처럼 살으리라

자존심 구겨가며 사는 것보단 낫겠지

왜 안 믿어 주는데

좋아하고 싶어도 내 옆에는 아무도 없어

사랑하고 싶어도 내 앞에는 아무도 없어

사랑 금지 구역도 아닌데 내 옆에 왜 아무도 없을까

영화 보고 싶어도 같이 갈 사람 하나가 없어

여행 가고 싶어도 동행할 사람 하나가 없어

장난이 아닌데 안 믿어 줘 진심을 왜 안 믿어 주는데

내게는 참한 장미야

남들은 속 좁은 여자라지만 내 눈엔 참한 장미야

어떡하다 얄궂은 질투인지는 몰라도

생각은 달라도 아마 착각이겠지 남들 입방아 속에

눈물 여자라고 히죽히죽 웃어 대지만

내게는 새록새록 보고만 싶은 참한 장미랍니다

어깃장 마시라 언제나 내게는 참한 장미야

날 이대로 내버려 둬

갈까 말까 망설이지 말고 당장 떠나도 좋다니까

널 붙잡아 둘 생각이 없어 느끼하니까

받아 준다 착각 마 매달리지 않아 치근해 보이면

받아 줄 거니 착각은 말고 웃을 때 떠나

붙잡는다고 착각 마 마음잡고 있는데 왜 흔들어

너 그 느끼함에 지쳤어 날 이대로 내버려 둬

함박웃음 아낙네 미소

지는 해 노을 등진 돛단배는 나루터로 향하는데

기다리는 아내의 모습이 애처로워서

노 저어 가는 낭군님의 양팔에는 검게 탄 근육질

잔잔한 물살을 가르면서 나루터 닿자

행주치마 자주색 옷고름 매만지는 아낙네 모습

오늘도 무사안일 함박웃음 아낙네 미소

왜 내게는 아무도 없지

봄바람은 아지랑이 너울대는 봄나들이 가자고만

엉덩이 툭 쳐가며 어서 가자 재촉해도

내 옆에는 아무도 없어 사방 둘러봐도 혼자뿐이네

내게는 꿈속인가 허영들만 가득하니

소낙비 그치고 나면 산등성이 오색 무지개 뜨는데

내게는 아무도 없어 왜 내게는 아무도 없지

새콤달콤함에 젖어서 살지

그대 마음속이 산딸기처럼 새빨갛게 익어 갈수록

달콤한 그 맛이 속가슴을 녹여 주었고

마주 앉아 얘기해도 뽕나무 오디처럼 새콤달콤해

시간 가는 줄도 모르게 하염없었으니까

마주치는 눈빛엔 보리수 훑어 먹듯이 새콤달콤해

언제나 그대 만나면 새콤달콤함에 젖어서 살지

양다리가 후들후들해

누구 때문에 내가 있나요 당신 때문에 내가 있는데

당신이 아니면 방랑길을 걷고 있겠지

좋아하느라 정신 내놓고 당신을 영영 지켜 내려고

밤낮도 없이 당신 생각에 푹 젖었는데

당신이 좋은데 즐거운 날 멀어질까 봐 두려워져요

이 마음속 당신 모를까 양다리가 후들후들해

너와 나 만들어 가는 것이야

너의 어정쩡한 그 마음속 솔직히 털어놔 보라니까

만나든 말든지 접든지 말든지 하잖아

너의 그 앙큼한 가슴속을 한 번만 펼쳐놔 봤으면 해

검은지 하얀지 내 눈으로 봐야 하니까

놓아주던지 손잡고 갈지 너와 나 아무도 모르잖아

미래의 희망 너와 나 만들어 가는 것이야

끝끝내 포기란 없어

떠밀지 마 떠밀지 마 아무리 떠밀어도 끄떡도 없어

좋은데 이렇게도 좋은데 어떡하라고

받아 주면 안되니 믿어 주면 안되니 요렇게 좋은데

눈 딱 감고 받아 준다고 그 누가 뭐라나

요리 매달리면 이리 애원하면 치근해 받아 주겠다

하늘이 무너져도 난 끝끝내 포기란 없어

퍼마시던 사랑 뒤집어 봐도

한사람 원망해 가며 구부러진 길 걸어가야만 해
길이 아니면 나서지 말 걸 후회가 막심
팔자라더냐 운명이더냐 생각지 못한 필연이더냐
외로워 퍼마신 미소 술잔 덫이었더냐
이왕 나선 길 직진하려고 큰맘 먹고 걸어보지만
퍼마시던 사랑 뒤집어 봐도 흔적뿐인 걸

애인 자랑 으스대지마

애인 많다고 으스대지마 그게 자랑이냐 변태지
짐승들도 한평생 짝과 함께 산다는데
방아깨비 닮아 봐 등짝에 붙어 떨어질 줄 모르지
혹여나 버릴까 봐서 등짝에 붙어살지
잔잔한 호수에 다정이 짝지은 원앙새 닮아 보소
원앙새 보고 배워라 애인 자랑 으스대지마

인생살이가 다 그렇지 뭐

세상사 태어나 남남이 만나 사랑살이 영위하며
티격태격 다툼 한 번 없다면 거짓이겠지
웃어도 보고 울어도 보고 화나서 싸울 때도 있지
일 년 삼백육십오일 궂은 날 없으랴마는
백년가약 부질없었고 살아 보니 별거가 아니야
세상살이에 인생살이가 다 그렇지 뭐

세상살이 어찌 이런데

저 비바람도 날 보려 오고 구름마저 찾아오는데
사랑한다는 내 님은 왜 이리 아니 오나
물안개 날 보려 오고 아지랑이도 날 찾아오는데
죽어도 좋다던 내 님 기별조차 없으니
세월에 물어보고 세상에 알아봐도 다 모른다니
무심하고 원통해라 세상살이 어찌 이런데

잊을 마음이면 떠나도 좋소

당신 내 마음 한 번도 헤아려 주지 않고 넘기는데

내가 왜 당신 마음속 헤아려 줘야 해

휘영청 달빛 아래 구름 가듯이 외면하며 가는데

매달리며 애원해 봐야 뭐가 달라져

먼 산 보듯이 바라보다가 마주치면 외면하는데

접어진 인연에 잊을 마음이면 떠나도 좋소

삼각지 로터리에

삼각지 로터리에 궂은비는 오는데

북적대던 미군 장병들 평택 가고 로터리 중앙차로

버스정류장 타고내리는 시민들뿐

돌아가던 삼각지 로터리에 밤안개가 자욱한데도

육군본부 애국 장병들 계룡대 가고

6.25 사변 군사 무기 전시장 전쟁기념관이로구나

천만에 말씀이드라

사랑하다 보면 어둠 컴컴한 터널 속도 지나야 하지

맑은 날만 있겠느냐 흐린 날도 있겠지

짝하나 찾으려면 굽이굽이 오르막길 올라야 하고

신작로만 있겠느냐 고갯길 넘어야지

쉬운 사랑이 어디에 있다고 마음먹기 나름이겠지

누가 사랑 달다고 했다 천만에 말씀이드라

가슴팍 기대고만 싶은데

흠뻑흠뻑 젖었던 마음 당신 가슴속에 묻었던 마음

언제부턴가 시름시름 시들어 가고

사랑을 심었으면 물 주고 거름도 주며 관리해야지

잡초 무성하게 버려두면 사랑이냐

웃음 주다가 울어 버리면 사랑이더냐 분탕질이지

당신에게 푹 젖어 가슴팍 기대고만 싶은데

미련이 또다시 떠올라

이미 지나가버린 추억인데 아무 소용 없다는 걸

새기며 또 새기며 가슴속을 비웠는데

허전해지면 왜 이리 새록새록 생각나는지 몰라

두 주먹 방바닥 내려치며 후회 말자고

마음속으로 다짐하면서 생각 말자고 했었건만

생각나고 또 나고 미련이 또다시 떠올라

자식 재롱이 나는 좋소

백마를 타고나니 하늘을 날고 싶고

흑마에 올라타니 사냥 길 떠나고만 싶어지는데

인연에 젖다 보니 아들딸 낳아 가며

세월 가는 줄도 모르고 자식 재롱둥이에 살았지

재롱에 젖은 마음속 그 누가 알리요

흑마도 싫고 백마도 싫소 자식 재롱이 나는 좋소

아껴 주며 한 오백 년 살자고

그대와 나 영원한 길 걸을 수만 있다면

험한 길 천리라도 가시밭길 천리라도 나나는 좋소

인생살이가 세상살이가 뭐 별거냐고

그대와 살아가는데 마음사랑 철석같으면 좋잖소

봄 여름 가을 겨울철 사계절이 있듯이

웃으며 살자 믿어 주고 아껴 주며 한 오백 년 살자고

횡재 사랑이지 뭐냐고

마음도 주고 사랑도 주고 줄 것이라면 다 주었는데

뭔 욕심에 받고 받고 더 받으려 하는지

달래도 주고 양보도 하고 당신 위하며 살아왔는데

뭔 불만이 그리도 많기에 투덜거려

말 타고나니 종 사고 싶다는 옛 속담을 생각하세요

꿀맛 사랑받으면 횡재 사랑이지 뭐냐고

보낼 사람이면 보내 버려요

보낼 사람 보내고 버릴 사람 버려라 상처만 깊어

고민 고민해 봐야 마음만 아프잖아

서운한 건 한 번뿐이고 시기 놓치면 영영 후회야

보내려니 속마음 아프지만 어쩌나

잊을 연인은 잊어라 머저리처럼 안고 가려 마라

아쉽더라도 보낼 사람은 보내 버려요

너 때문에 내가 못 살아

별것도 아닌 세상살이에 그럭저럭 살아가려도

히죽히죽 비웃어 대며 말들이 많은지

낮술에 취한 거야 심술보 재발인지 모르겠지만

너 하는 짓들이 지겨워 간섭 않으려도

서러워도 눈물도 삼켰다 외로워도 마음 접었다

너 때문에 못 살아 너 때문에 내가 못 살아

북 치고 장구 치고 다 하냐고

너 혼자 장구 치고 북 치고 다 하니 난 들러리지 뭐

뭣이던 너 맘대로 하는데 나난 뭐야

주는 게 있으면 받는 것도 있어야지 공평하잖아

넌 언제나 받으려 하니 얼굴 두꺼워

네가 사랑하면 진짜고 남의 사랑은 종기 취급해

너 혼자서 북 치고 장구 치고 다 하냐고

냉수 마시고 정신 차려라

사랑한단 약속도 헛소리 좋아한단 그 말도 헛소리

헛소리 약속 믿었다 큰일 날 뻔했다

죽어도 좋단 말도 헛소리 끝까지 간단 말도 헛소리

말끝마다 능청 떠는데 내가 미쳐요

널 믿었다 쫑 날 뻔했다 믿는 도끼에 발등 찍혔다

헛소리 접고서 냉수 마시고 정신 차려라

천사와 만남도 나는 싫소 무지개 사랑도 나는 싫소

알뜰살뜰 살아준 당신이 참말 고맙소

허세 한 번 안 부리고 여지껏 살아 준 당신이 고맙소

이래도 참고 저래도 참고 견뎌 준 당신

그 마음 어찌 모르겠소 진정 당신 마음 알고도 남소

당신 참말 고맙소 이 한 목숨 다해 지켜 내겠소

내 제아무리 배운 게 없고 가진 게 없다 하더라도

당신처럼 개념조차 없는 사람은 싫소

단 하루를 살아가도 사람답게 살아가야 하잖소

세상살이 인생살이 길어야 백 년인데

사람답게 살자고 세월 따라 살자고 인생 별거냐

입고 먹고 쓸 데 쓰며 개념 있게 살자고요

살기 나름이지

좋아하던 추억도 미워하던 기억들 묻었던 세월

잠 못 이룬 밤이면 새록새록 펼쳐져

뒤돌아보면 철없던 시절 막무가내 우격다짐 속

세월 따라 나이만 익어 후회만 남아

인생살이 별거냐 세상살이 별거냐 거기 거긴데

웃고 사나 찡그리고 사나 살기 나름이지

당신과 나 원앙이지

냉수 한 사발 소반에 떠 놓고 맞절에 정혼했어도

당신과 검은 머리 파 뿌리 약속하고 나

자축인묘 진사오미 신유술해 서너 번 돌고 돌아

칠순 넘어 머리카락 희끗희끗 반백에

두매나 산골 호수에 짝지은 사랑놀이 원앙새도

부럽질 않소 세상에 당신과 나 원앙이지

당신에 데워지길 잘했지

사랑 속 잠겨 데워질 때는 꿀맛이듯 행복했지만

세월 따라 흐르다 보니 시들어 가네

앵두 입술에 얹어 보고 넓은 가슴팍 텅 빈지 오래

젖은 사랑에다 황홀함 기억뿐이고

정 바구니 담겨져 오고 가지 못하는 망두석 인생

어차피 데워질 걸 당신에 데워지길 잘했지

한밤중에 알았소

불티나게 울리던 전화마저 뚝 끊고 감감무소식

밤잠도 설쳐가며 자정 넘게 기다려도

답답하게 울지도 않는 핸드폰 만지작거려 봐도

진짜 변했나 마음 접었나 불안만 가득

미워하지 말걸 쏘아붙이지 말걸 자존심 접을걸

후회해도 소용없단 걸 한밤중에 알았소

온몸이 찌릿찌릿해

왜 난 너의 얼굴만 바라봐도 가슴이 들썩들썩해

이내 속가슴이 왜 이리도 들썩들썩해

난 왜 너 손잡아도 찌릿찌릿 온몸이 찌릿찌릿해

감전되듯이 왜 이리 찌릿찌릿해지나

속마음 녹여 볼까 입술 덮어 볼까 애타는 마음속

하늘이 알러나 땅이 알러나 온몸이 찌릿찌릿해

내가 왜 이러지

이리 가기요 떠나면 안 돼요 매달려 애원했는데

야속하게 뿌리치며 떠나던 사람아

원통하고도 얄미운 당신 기억조차 지우려 해도

눈감아도 스물스물 떠오르니까요

인연 아니면 잊어야지 사랑 아니면 접어야겠지

세상 인연도 많다는데 내가 왜 이러지

목포라도 나는 좋소

당신만을 죽도록 좋아하는데 부산이면 어떻고

요렇게 좋은데 목포라도 나는 좋아요

당신 머무는 곳이면 세상 어디라도 따라가겠소

마음 식기 전 사랑 향기 시들기 전에

당신만 따라가겠소 당신 놓치기 죽어도 싫은데

부산이면 어떻고 목포라도 나는 좋소

떠나기로 한 마음 이해해 주오

잘 사세요 죄송해요 몇 글자 적어놓고 떠난 사람아

야속도 하오 사랑정이나 끊고 가던지

오해라면 풀고 떠나지 미련 남기지 말자 하더니

영원까지 지웠나 미련 마음도 버렸나

잘 계셔요 미안해 가고 싶지는 않지만 할 수 없소

미래 위해 떠나기로 한 마음 이해해 주오

다가선 봄날의 여인아

봄 향기 향연인가 다가선 여인 모습이 아름다워

미소의 향기 고운 작태 봄날의 여인아

아지랑이 피어난 산과들 야생화 수줍음 머금고

살랑살랑 다가서듯 여인의 고운 자태

발길 돌리다가 아쉬워 되돌아보는 봄날의 여인

봄 향기 꽃향기로 다가선 봄날의 여인아

뽀뽀는 해 줘야지

마음엔 안 들지만 날 좋아한다니 뽀뽀는 해 줄게

관심이 많으면 내 옆에 앉아보라니까

한 번 보고 좋아해 뽕 간다고 매달리나 아니잖아

생각하고 대답해 줘 늦어도 기다릴게

마음에 확 끌리면 말 안 해도 내가 먼저 매달리지

내 마음에 쏙 안 들어도 뽀뽀는 해 줘야지

호박이 넝쿨째

한번 만나봐 내가 어때서 한번 얘기해 봐 뭐 어때
그냥 터놓고서 얘기하고 싶을 뿐이야
혹시나 알아 장님 돌팔매에 참새도 잡는다는데
사랑 별거냐 인연 별거냐 하기들 나름
한 번만 내게 와보면 어때 후회할 일은 없으니까
아마도 호박이 넝쿨째 굴러든다니까

나난 사랑 전수자라오

낮에는 햇볕 그림자이듯 밤이면 달 그림자이듯이
난 오직 당신의 그림자인 사랑 전수자
소낙비가 내려도 눈보라 몰아쳐도 당신의 이수자
세상 별거냐 내가 사랑하면 최고지
나는 당신의 그림자에 이대로 영원한 사랑 이수자
해 그림자 달 그림자 나난 사랑 전수자라오

천하지상 등신아

모르는 사람 모르는 사람 내 마음도 모르는 사람

그 사람 등신 그 사람 바보 등신 천치

눈빛 쏘아도 모르는 사람 마음 던져도 모르는 사람

어쩌면 바보 어쩌면 등신 천치 등신아

앞에서 걸어가도 뒤에서 따라가도 낌새도 못 체는

알고나 그래 몰라서 그래 천하지상 등신아

참 좋은 남자

좋아하고파 꽃을 든 남자 다가서고파 눈길 준 남자

오늘 아니면 내일도 좋아 모래면 어때

눈빛에 취해 다가온 남자 맵시에 반해 다가선 남자

낮에도 좋아 밤에도 좋아 언제든 좋아

나만 좋다고 쫓아온 남자 죽어도 좋다 맹세한 남자

쫄쫄 굶으며 허탕 쳤어도 참 좋은 남자

죽을 때도 돈 가져가나

세상살이가 돈돈 돈 인생살이가 돈돈 돈타령이니

돈에 취하나 술에 취하나 뭐가 다르나

사귀는데도 돈돈 돈 사랑하는데 돈돈 돈타령이니

돈에 눈멀면 인연은 무슨 인연 개털이지

사귀자는데 돈돈 돈 연애하는데 돈돈 돈타령 마라

그리도 좋은 돈돈 죽을 때도 돈 가져가나

인생살이가 구름인 것을

웃음을 내뱉어도 속가슴은 먹먹해 오고

언제 또다시 만날 수 있으랴 마음 모아 기도하려도

눈물을 글썽여도 속마음은 하늘을 보네

아니다 싶다가도 할 수 있겠지 마음에 기대가 반반

좋아도 했다 미워도 했다 그대 한 사람을

세상살이가 바람인데다 인생살이가 구름인 것을

한심한 노을 속 인생살이여

와도 좋고 가도 좋던 청춘이 꽃피던 젊은 시절아

끼니 굶어도 웃음 넘치던 젊던 시절아

배짱 좋소 근력 좋소 천하무적 겁 없던 청춘이여

세상 천하 내 것만 같았던 불타던 젊음

세월에 잠겨 버렸나 꿈도 많던 청춘 어디로 가고

노을에 묻혀 가는 한심한 노을 속 인생살이여

텅 비어 버린 허전 가슴속을

잡아야 하나 보내야 하나 헤어져야 할 운명이더냐

이러고자 사랑했나 기구한 운명이여

지나온 날들 뒤돌아보면 좋았던 추억 싫었던 기억

더듬어 보면 운명 아닐까 싶어지기도

잡으려다가 보내려다가 망설여지는 이내 마음속

그 누가 알리요 텅 비어 버린 허전 가슴속을

깨 쏟아지게 살아 봐야지

여기를 가나 저기를 가나 반겨줄 사람 하나 없어도

가야 한다네 나는 가야 해 그 사람 찾아

누가 뭐래도 누가 욕해도 그 사람 찾아 가고 말 거야

못 오게 해도 찾아가야 해 애끓는 마음

문전박대 받아도 가야 해 용서를 빌고 만나 봐야지

그 사람 만나서 깨 쏟아지게 살아 봐야지

팔자려니 믿고 기다려 주오

갈 길 멀어도 마지막인데 한 번이라도 보고 가야지

언제 또 볼지 알 수 없지만 마지막 인사

건네기 싫지만 출세해서 금의환향에 돌아오리라

원망 마시라 야속해 마소 돌아올 거요

이별이란 잠시뿐이요 날 믿어 주오 맹서하겠소

인생 운명이라면 팔자려니 믿고 기다려 주오

인연이란 꽃이 피어날려나

봄 안개 걷히고 나면 파릇파릇 새싹이 돋아나듯이

그 사람과 나 사이 봄맞이 닮아갔으면

산과 들에는 봄꽃들 만발하며 붉게도 물들이는데

그대와 연분이 새빨갛게 익었으면 해

봄 안개 걷히고 새싹이 돋아나 봄꽃은 만발하는데

그 사람과 나의 인연이란 꽃이 피어날려나

왜 기다려야 하냐고요

가지는 마요 떠나지 마요 매달려 가며 붙잡는데도

무심하게 뿌리치고 떠나 버린 사람아

한 번만이라도 뒤돌아봐 주기 애타게 바라봤는데

앞만 보고 뛰어가는 그 모습 야속하오

멀어지는 인연인데 떠나 버린 사랑인데 잊어야지

날 버린 사람인데 왜 기다려야 하냐고요

대쪽 고집 우리 아버지

새벽별 보고 일어나서 저녁 별 보며 돌아오시는

칠 공주집 딸부자 아버지 대쪽 아버지

아들 하나 얻으시려다 딸부자가 된 대쪽 아버지

지칠 만도 하련마는 미소 짓는 아버지

금술 좋은 아버지 어머니 동네 사람들 부러움에

올망졸망 칠 공주의 대쪽 고집 우리 아버지

바람 빠진 풍선은 아니겠지

당신이 없는 나의 삶이란 바람 빠진 풍선이겠지

향기도 없는 시들어 버린 꽃잎이겠지

시들은 인연 이별이 오면 찌꺼기란 원망뿐인데

포기할 거냐 잊어야 하나 고민이 가득

한마음 접을까 팔자려니 잊고 살자 허접한 세상

나의 삶들이 바람 빠진 풍선은 아니겠지

쿵쾅대는 가슴속은

쿵쾅 쿵쾅대는 두 가슴 부여안고 고백하려 해도

눈빛 마주하고 앞에 서면 쪼그라들어

사랑 뭐 별거냐 큰소리쳐 봐도 마주치면 망두석

만남 뭐길래 사랑 뭐길래 애만 태우나

오늘 큰맘 먹고 할 말 다 하며 손잡아 보고 싶어도

쿵쾅대는 가슴속은 오늘날도 그대로이네

역시나 내 사랑이야

미워했어도 사랑했고요 좋아하면서 헛갈렸어도

믿었다가도 후회되는 흔들린 이 마음

어디 가면 별거 있느냐 세상살이가 다 그런다는데

팥 심은 데 팥 나고 콩 심은 데 콩 나듯이

미운 사랑 같기도 하고 질긴 인연 같기도 하다지만

꿀맛 사랑이 시어져도 역시나 내 사랑이야

좋아했으면 후회 말자

사랑했던 그 사람 날 버리고 떠나가도 원망 말자

그 사람도 말 못할 사연 하나쯤 있겠지

열 길 물 속은 알아도 한 길 사람 속 모른다 하잖소

사랑했으면 헤어지면서 뒷소리마소

인연이란 하늘이 주고 행복이란 사랑이 준 거잖소

사랑했으면 원망 말자 좋아했으면 후회 말자

억지 사랑이 뭔 대수요

당신이 내게 쏘는 말마다 가시투성이 옹이뿐인데

이왕 쏘는 말 부드럽게 해 주면 어때서

당신이 나를 바라만 봐도 거리감 속에 어리벙벙해

좋아한다며 웃어도 주고 마주 봐야지

당신과 나 사이에 아무래도 어색함이 묻어져 있고

아니면 말든지 속이는 억지 사랑이 뭔 대수요

처녀 총각들아 결혼하면 대한민국 문 닫아야 하네

조상님들 칠 남매 팔 남매 키워 왔는데

아들딸 하나 낳고도 어휴 힘들어 오두방정이니

돌아가신 조상님 한숨이 절로 나오지

나 편하자고 오천 년의 민족 대한민국 문 닫으라고

처녀 총각들아 결혼 좀 해라 대한민국 위하여

너 잘났으면 얼마나 잘나 가슴속마저 뒤집어 놓나

하는 짓마다 매스꺼우니 반성 좀 해라

너 예쁘다면 얼마나 예뻐 자존심마저 뭉개 버리나

높이고 낮추고 몽땅 다 갈아엎었잖아

넌 구름이냐 바람이드냐 툭하면 떠나가려고만 해

마음 잡고나 정주며 진심 품고서 사랑해 주오

난 어떡해 어떡해

어떡해 어떡해 끌리는데 어떡해 마음속 끌리는데

당신 아님 필요 없으니 어떡해 어떡해

떠나지마 떠나지마 날 두고 떠나지마 가슴속 아려

날 두고 떠나가면 나난 어떡해 어떡해

속가슴 요롷게 아려 오니 어떡해 어떡해 하라고요

당신이 책임져야지 뭐 난 어떡해 어떡해

헌사랑 만들지 마소

당신에 취해 버린 마음속 오로지 빼앗긴 사랑인데

어떡하면 좋아요 당신이 책임져야지

뺏어간 사랑인데 돌려준다 해결되나 어림없지요

당신 욕심에 사랑 낙오자 되기는 싫소

취해 버린 마음이 죄냐 뺏어갔으면 책임져야지 뭐

빈 마음 가슴 만들지 마소 헌사랑 만들지 마소

풍기 고을 서방님아

굽이굽이 구름안개 구불구불 죽령고개 휘감는데

과거 보려 한양 길 서방님 풍기 서방님

금의환향 맹세하며 두 손 잡고 웃어주던 서방님아

외로움 많다 한들 서방님에 비하리요

희방사 대웅보전 부처님께 금의환향 빌고 빌면서

죽령고개 바라보며 불러보는 풍기 고을 서방님아

혼돈 속 여심이여

휘영청 보름달 가려주던 저 구름도 떠나고 없는데

온다던 님 왜 아니 오고 한밤을 지새워

시뿌옇던 새벽안개도 감쪽같이 흩어지고 없는데

아침햇살에 마음속은 왜 이리 허망해

그리워하고 싶어도 미워하고 싶어도 고요의 새벽

포기할거냐 잊어볼거냐 혼돈 속 여심이여

인생살이란 강물이드라

수복이더냐 강령이더냐 인생살이가 강물이드라

굽이쳐 가며 돌고 도는 게 인생이련가

떠오르는 태양이듯 살고 싶은데 금새 노을이더라

자식 위해 못 먹고 못 입고 아껴왔어도

마지막 저승길이 멀다더니 눈감으니 문전이드라

그 무슨 입춘대길 인생살이란 강물이드라

뭔 사랑이라고 장난질이지

울고 싶은데 울지 못하는 타는 속가슴 그 사람 알까

어겨진 약속 한두 번이냐 기가 차드라

웃고 싶어도 웃지 못하는 이 내 마음속 그 사람 알까

어쩌다 만나 웃어 보려도 찌그러진 상

울어도 봤다 너무 억울해 웃어도 봤다 기가차드라

빛바랜 사랑이 뭔 사랑이라고 장난질이지

한땐 마음 심어 사랑했건만

눈에 콩깍지 씌어 웃음 주고 마음 심어 사랑하다가
달콤했던 그 사랑 흘러간 추억뿐이고
변하는 세월 속에 티격태격 다투다가 이별이런가
한때는 하늘이 내려 주신 선녀라더니
꼴 보기 싫어지니 행동 변해 포악스런 채찍뿐이니
한땐 웃음 주고 한땐 마음 심어 사랑했건만

세상살이 어찌 살려고

슬기롭게 떠난다 하더니 미련 없이 떠난다 하더니
가슴속에 상처만 가득히 남기려 하나
정 있을 때 헤어지자더니 좋아할 때 헤어지자더니
그 속내 이제 알았다 떠날 때 쓰는 수법
속여 보니 재미나드나 가면 쓰고 사람농락 했냐고
너 그러다 벌 받는다 세상살이 어찌 살려고

눈가루로 세수하며

고드름 키 자랑하고 문풍지 울어 대는 한밤중이면

마음이 시려 가슴이 시려 온몸이 시려

실눈 뜨고서 천장 올려보며 지친 몸 뒤척여 보지만

속죄이런가 운명이더냐 시려진 가슴

수북이 쌓인 뽀얀 눈살에 붉은 아침 해 떠오르는데

눈가루로 세수하며 거울에 비춰 본 새뽀얀 얼굴

착각은 고질병이지

네가 좋으면 나도 좋아지는 두리둥실 사랑이겠지

찰거머리인듯 들러붙는데 그 무슨 사랑

웃어 주면 안아 주고 눈길 주면 팔짱도 끼어 줘야지

즐거움 신선을 먹고사는 사랑이지만

너 싫다는데 내가 왜 매달리나 착각일랑 마시라고

너 싫으면 나도 싫어 착각은 고질병이지

아마도 난 바보이겠지

오순도순 살갑게 살려도 너 때문에 뒤틀려지는데
헤어지고 싶어도 놓아주질 않으면서
마음을 접고 이해하려도 너 하는 짓이 역겨워지니
갈까 말까 하다가도 마음속 뒤죽박죽
긴가민가하면서 저 하늘을 쳐다보며 참으려 해도
이대로 주저앉으면 아마도 난 바보이겠지

노래 한 곡 내질러 보자

오늘같이 좋은 날 아는 노래 한 곡조만 뽑아 보자고
누가 뭐라도 아는 노래 한 곡조 질러봐
분위기 좋고 판도 깔렸고 마신 기분에 신나게 뽑아봐
이때 못 놀면 언제 놀아 봐 노래의 장터
오늘같이 좋은 날 추억 속 노래 한 소절만 불러 보자
스트레스 확 날리는 노래 한 곡 내질러 보자

날 머저리라 하지 마시라

누가 날 누가 날 머저리라고 말하는지

머저리라 한대도 좋고요 멍청이라 한대도 좋은데

난 진정 당신만 사모하고 있을 뿐인데

덜 떨어져도 나는 좋고요 모자란대도 나는 좋아요

당신이 옆에 있으면 부러울 게 뭐 있어

날 머저리라 하지 마시라 제발 머저리라 하지 마

모처럼 때가 왔는데

보고도 싶고 만나고 싶고 건네고 싶은 말들 많지만

목구멍 속으로 기어들어 가는 목소리

눈빛 주면서 속삭이다가 키스해 주길 기다렸는데

낮은 목소리로 사랑해요 고백하고파

나비 한 마리 날아왔는데 이때 놓이면 허탕이겠지

모처럼 때가 왔는데 놓쳐 버리면 후회되겠지

밤마다 인생 드라마 공연 중인데

마음속의 혼돈이 헝클어져 허공을 헤매고 있는데
자정 넘어 한밤중 그 사람은 뭐 하는지
추억에 스쳐 간 희미한 사연들 하나둘 뒤돌아보며
지친 몸 뒤척이며 추억들 더듬어 보니
기뻐한 날들이 얼마던가 슬퍼한 날들이 얼마던가
밤이면 밤마다 인생 드라마 공연 중인데

드넓은 그대 가슴팍에

그대의 그윽한 눈빛 아래 영원하게 잠들고 싶지만
내 마음속 몰라주는 그대가 미워 미워
그래도 난 포기란 없다 쓰러질 때까지 지켜 내야지
미움이 바위처럼 굳어도 감수해야지
기다리다가 영영 굳어져 바윗덩이로 굳어진대도
드넓은 그대 가슴팍에 잠들고만 싶어라

부자라고 자랑 마라

삼대 가난쟁이 없다는데 노력만 하면 다 된다더라

개천에 용도 나오고 판검사도 나오지

삼대 부자도 드물다는데 잘못하면 쪽박도 친다나

부자 망해 삼 년 간다더니 굶고 사드만

가난은 죄 아니야 노력하면 부귀영화도 찾아오지

부자라고 자랑 마라 쪽박 찰 때 있으니까

아마도 사랑 운명인가 봐

첫날엔 그대에게 붉은 장미꽃 백송이도 받았지만

오늘 그대가 주는 뜨거운 입술도 싫으니

그대 눈빛이 흐리멍덩해 예매한 여행도 취소했다

사랑 직진이 아니야 구부러지기도 하지

사랑 비바람 맞아보고 사랑의 눈보라 맞아 봤어도

포기는 못 하겠더라 아마도 운명인가 봐

기다림에 지쳤는데 뭘 헤어져

눈물은 접어두고 미소만을 보여 줘봐

오래간만에 만나보는데 우그러질 게 뭐가 있냐고

가슴속 울컥해도 오늘만은 참아 보소

오늘 같은 날이 어디 있나 꼬박 밤새워 기다렸는데

이제부턴 헤어지지 말자 청춘 멍들어

단 백 년도 못사는데 기다림에 지쳤는데 뭘 헤어져

마음 가슴속 다 데워 놨어요

그대의 마음 닫혀 있나요 이내 마음속 열어 놨는데

오직 그대 위해 활짝 활짝 열어 놨는데

그대 가슴속은 차가워요 이내 가슴속 펄펄 끓는데

살포시 안아 줄 그대 위해 데워 놨는데

언제라도 오셔요 밤이나 낮이나 기다리고 있으니

부담 갖지 마셔요 마음 가슴속 다 데워 놨어요

웃으며 떠나 주오

내가 미워져 가더라도 싫증 나 떠나도

이왕 마음먹고 떠나려면 있을 때나 웃으며 있어 줘

반성 기회도 안 주며 불만 늘어놓기요

가시려면 마지막이라도 트집들 잡고 떠나지 마요

붙잡지도 못하는데 보낼 바엔 웃으며

보내주리 미워 말자고 원망 말자고 웃으며 떠나요

사랑은 달콤하니까

소낙비가 쏟아지나 가랑비가 내리나

다 같은 빗방울인데 온몸이 흥건하게 젖기도 하고

맞는 줄 모르게 촉촉하게 젖기도 하지

사랑 향기에 취하다 보면 엉덩이춤도 절로 나오고

사랑 이불 덮으니 가슴속이 들썩들썩

소낙비 젖으나 가랑비 젖으나 사랑은 달콤하니까

톡톡 쏘아붙이면 어떡해

승희야 너 왜 내 말 무시해 거북하게 내 말은 무시해

첨엔 네가 먼저 다그치며 매달려 놓고

이제 와 짜증 내며 뒤집어씌우니 네 맘속이 펀드나

차라리 까놓고 말해 주면 속 시원하지

말이 아니면 타지를 말고 길이 아니면 가지 말라고

톡톡 쏘아붙이면 어떡해 나난 어떡하라고

너는 너대로 나는 나대로

나 너 잔소리 듣고 어떻게 살아 자존심만 상하게

엄마 아빠에게도 안 들던 잔소리인데

너 날 지배하려고 애쓰지 마라 있던 정도 떨어져

나는 나대로 너 넌 너대로 이대로 살자

잔소리하다 보면 지배하려다가 앙금만 생기지

너는 너대로 나는 나대로 이대로 살자

세상 변한 줄 몰랐소

얼마나 당신을 좋아하고 사랑했으면

이 마음속이 녹아내리고 가슴속까지 다 타 버렸나

얼마나 당신 하나를 잊을 수 없었던지

온몸이 흐물흐물 녹아내리고 전신 가누지 못했소

얼마나 당신을 눈 빠지게 기다렸으면

세월이 오가는 줄도 몰랐으며 세상 변한 줄 몰랐소

깊어 가는 정이잖소

낮과 밤은 달라도 우리 마음은 영원히 변하지 않아

소금이시어도 너나 마음속 변함없어

화 무는 십일 홍에다 달도 차면 기운다는 세상인데

너나 정만 깊어 가니 끈끈이 정이잖소

꽃피는 봄날 녹음의 여름 오곡의 가을 설야의 겨울

사계절 속에 깃든 정 깊어 가는 정이잖소

호랑이 집이잖소

가지를 마요 떠나지 마요 무릎 꿇고 이렇게 빌잖소

해오름도 저녁이면 노을 따라 지잖소

내 잘못 많아 반성하리다 용서해 주오 약속하리다

보름달만 아름답나 조각달도 예쁘지

한동안 날 사랑했잖소 나도 역시 당신 사랑했잖소

승양이 피해 도망쳐 가니 호랑이 집이라잖소

양심 고쳐라 이 얼간이들아

니들이 뭘 했어 우린 일하고 공부했는데

툭하면 니들 떼거지로 어울려 다니며 쌩만 깠잖아

콩 심은 데 콩 나고 팥 심은 데 팥이 나는데

하라는 공부는 뒷전이고 떼거지로 몰려 쌩 깠잖아

그러고도 허세에 호의호식을 바라다니

어림없다 냉수 마시고 양심 고쳐라 이 얼간이들아

너 없인 못 살아

너 없인 못 살아 세상 아무리 좋대도 너 없인 못 살아

사시사철 무릉도원도 너 없인 못 살아

마음만 들뜨게 하지 마 제발 내 가슴 비우지 말아 줘

하루만 못 봐도 미쳐가는 안달한 마음

너 없인 못 살아 온 세상이 다 변해도 너 없인 못 살아

옆에 있어 줘 내 곁에 있어 줘 너 없인 못 살아

서투른 마음속을

밤하늘의 저 별들도 반짝반짝 웃어 가며 춤추는데

고요한 밤 외로운 밤 내게는 아무도 없어

지난 추억 되짚어 봐도 살아온 세월에 허전함 가득

서툰 만남에 뭘 몰랐든가 슬픔만 남아

바람마저 피해 가며 세상살이 올바르게 살았건만

아직 이르나 기다리는 서투른 마음속을

얄미운 사람아

고요하던 내 가슴에 설레임만 쌓이게 한 사람아

설렘 숙제 툭 던져 주더니 깜깜무소식

뜬구름이듯 외면하려나 바람이듯이 스쳐 가려나

눈길 툭 던져 줬으면 뒷감당 해 줘야지

잔잔한 이 마음속을 마구마구 설레게 한 사람아

뒤죽박죽 마구 흔들던 얄미운 사람아

뽀송뽀송한 그 사람은

마음 둘 곳 하나 없어 비 오는 밤거리 거닐던 때면

남들은 우산으로 밤비를 막아 주지만

머리 적셔 눈코 적셔 입술 적셔 속가슴을 적시는데

무심한 밤거리는 척척하나 묻지도 않아

마음도 젖어 거리도 젖어 가로등마저 울고 있는데

뽀송뽀송한 그 사람은 단잠 자고 있겠지

두 눈 부릅뜨고 십 년을 찾아봐도 그대밖에 없었소

기다린 긴 세월 외로운 밤 그대는 알까

눈물 흘러가며 그대 기다린 긴긴밤 얼만지 알라나

흐느낀 가슴속 외로운 밤 그대는 알까

부푸는 가슴 안고 십 년 흐르도록 그댈 기다렸는데

기나긴 세월 일구월심 당신만을 기다렸는데

그대여 왜 이러시나

그대 그대여 이 내 열린 마음속 한 번 들여다봐 주면

안 될 일이 뭐 있나요 대답 한 번 해 보소

나난 그대가 옆에 와 주길 속내론 기다리고 있는데

부족함이 있더라도 솔직하게 말해 보소

인연이란 없을 수도 있을 수도 있는 게 인생이지만

그대여 왜 이러시나 못할 말 뭐가 있다고

지난 추억 원망 마소

원망 마소 원망 마소 흘러 버린 추억인데 원망 마소

잘한 일 못한 일 모두가 지난 추억인데

따져서 뭐 하게 들쳐서 뭐 하게 허물밖에 더 있느냐

덮어 두소 덮어 두소 당신과 나 추억을

미안하오 미안하오 지난 세월 잘못들 켜켜이 많소

원망 마소 원망 마소 지난 추억 원망 마소

꿈속이 아닌 생시면 했는데

나는 널 날마다 기다리는데 너는 날 벌써 잊었소

땅거미에 컴컴한 밤중 너 모습 그리며

오늘 밤은 웃어 줄까 외면할까 조바심만 조여 드니

너널 포기 못하는 일을 알 수 없지만

나는 널 오늘도 기다리는데 너는 날 어찌 버렸소

이 한밤도 꿈속이 아닌 생시면 했는데

사랑 벌이 내려지니까

그대와 여지 만나 오면서 미워했지만 죄도 지었소

짧은 세월에 잘못했기에 벌도 받았소

산봉우리 휘어감은 저 구름들 혹여 이내 마음 알까

하느라 해도 사랑은커녕 미움만 쌓여져

그대와 사랑하는데 죄와 벌이 있는 줄 미처 몰랐소

툭하면 죗값에 사랑 벌이 내려지니까

난 이게 뭐야

바람이 스쳐 가더니 내게는 인연도 스쳐 지나가고

소식하나 없는 인연 기다리다 마는지

태양도 구름 이불 덮어 쓰고 쿨쿨 잠자는데 난 뭐야

쓸쓸한 기나긴 밤 꿈속 헤매다 말라고

뜬눈에 새던 밤 새벽이 열리는데 마음이 허전해

아침 태양은 떠오르는데 난 이게 뭐야

속마음 덮어 주고

누가 내 마음속을 헤아려 주는 사람 하나가 없을까

그런 사람 있다면 내 인생 맡기고 싶어

누가 내 가슴속을 꽉 채워 주는 사람 하나 없을까

만약 있다면 그 품속에 안기고 싶소

세상살이 뭐 별나더냐고 인생살이 뭐 별거더냐고

속마음 덮어 주고 속가슴 채워 주면 해

따져서 뭐 하려고요

너도 속고 나도 속았다고 너도나도 투덜거려도

너도 알고 나도 알고 진즉 알고 있잖아

좋아한다고 말해 놓고서 사랑한다고 약속하고서

이제 와 헛소리하면 나난 어떡하라고

너도 믿었고 나도 믿었다 서로가 좋아 믿었는데

시들어진 걸 이제 와 따져서 뭐 하려고요

마음이 헷갈려져

눈빛 하나 던져 주더니 속마음까지 훔쳐 간 사람아

엉성한 그물망에 어쩌다가 걸려 버렸네

웃음으로 인심 쓰더니 가슴속마저 멍들인 사람아

설레던 마음 부푸는 가슴 그대로인데

가슴속을 멍들인 사람아 마음속을 훔쳐 간 사람아

믿어야 하나 잊어야 하나 마음이 헷갈려져

앙금 고이기 전에

너 너 양심이라고 있으면 말 한번 해 봐

마음에 없고 가슴속도 텅 비었는데 뭔 헛소리 하나

입에 발린 거짓말에 습관성 변명이야

널 믿었다가 미쳐요 난 이러나 언젠가는 종 치겠다

너 넌 오해 말고 들어 봐 내 말을 들어봐

앙금 고이기 전에 속가슴 상하기 전에 끝내고 싶어져

너와 나 보금자리를

내게로 다가와 가슴에 안겨봐 아마도 포근할 거야

너와 나 보금자리 만들어 가자니까

가까이 다가와 내 마음 믿어 봐 영원히 행복할 거야

사랑의 보금자리나 만들어 살아 보자

마음 한 번 믿어 봐 사랑 한 번 믿어 봐 무조건 믿어 봐

영원한 보금자리 너와 나의 보금자리를

나난 아니야

뜬구름이듯 사랑했냐고 물어보는데 나난 어떡해

하늘을 두고 맹세하면서 사랑했는데

바람이듯 세상 살았냐고 따져 물으면 나난 어떡해

밤이면 밤마다 그대 생각에 젖었는데

내 마음 모르는 당신이 야속해 정말로 야속해져요

구름이듯이 바람이듯은 아냐 나난 아니야

부산 진드기 친구야

찐득찐득 진드기 친구 둘도 없는 부산 진드기 친구

이틀이 멀다 차 마시고 술 마시던 친구

찐득찐득 진드기 친구 항시 장난 놀이 진드기 친구

부산역 뜨던 날 서글프게 궂은 비 내려

항구 진드기 부산 진드기 너 떠나가면 나난 어떡해

궂은비에 얼룩지는 부산 진드기 친구야

당신이 얄밉게 서운하더라

당신 믿은 게 잘못이냐 정을 준 것이 실수였더냐

하는 짓마다 흐리멍텅에 이해 불가야

속마음 준 게 무덤이었고 사랑했던 게 감옥이드라

가면 갈수록 불신 고통이 차오르니까

믿었던 당신 야속하드라 변하는 당신 미워지드라

죽을힘 다해 믿은 당신이 얄밉게 서운하더라

사랑 익으면 낙원이지

나만 바라봐 줘 나만 생각해 줘 사랑이 익을 때까지

그댄 나의 동반자 영원한 나의 동반자

옆에 있어 줘 떠나지 말고 사랑 열매가 익을 때까지

힘들어도 난 좋아요 아무려면 어때요

무지개처럼 살자고 너나 인생 영원히 잠들 때까지

인생 낙원이 따로나 사랑 익으면 낙원이지

손만 잡아도 결혼했다는데

그땐 그랬다 손만 잡아도 결혼을 했다 그땐 그랬다

요즘은 다르다 살아보고 결혼한다지

세상 변했다 여성 상위다 막 쓰는 여자 아끼는 남자

카드에 떠는 남자 화장품에 묻힌 여자

남잔 벌 자격이고 쓸 자격은 여자뿐이란 세상인데

그땐 그랬다 손만 잡아도 결혼했다는데

사랑의 붉은악마여

사랑의 붉은 마음이 가슴속 새빨갛게 익어지는데

피해도 보고 외면도 하고 숨어 봤지만

밤이면 가슴속에 똬리를 트는 사랑의 붉은악마여

스쳐 간 인연 잊으려도 툭하면 떠올라

마음 열고 가슴 열고 받아 줄거나 망설여지던 사람

잡지 못해 보내야 했던 사랑의 붉은악마여

그대 마음 난 알고 있소

그대 날 외면할 적에는 마음 둘 곳이라고 없었지만

그래도 난 해바라기 꽃이 되겠노라고

어느 땐가는 하늘이 알고 땅이 알 거라고 믿었지만

저녁노을 아쉬워도 아침 해 뜰 거니까

마주치면 눈빛조차 피해 가며 에둘러 고개 숙였던

그대 마음 난 알고 있소 좋아한다는 것을

지켜져야 약속이지

너만 잘나고 난 못난 거냐 넌 못나고 난 잘난 거냐

따져 봐서 뭣하게 도토리들 키 재기지

사랑하니까 좋다 하더니 사랑받아서 신난다더니

이제 와 뭔 봉창 두드리는 소리냐고요

좋아한다고 말을 했으면 사랑한다고 약속했으면

이루어져야 사랑이고 지켜져야 약속이지

너밖에 모르는데

너에게 쏠리다 보니 너밖에 모르는데

이내 마음속은 비스듬하게 한 쪽으로 쏠려 버렸어

너에게 뿅 가다 보니 요렇게 훅 가다 보니

이내 가슴속은 콩닥콩닥 너에게 기울고 말았는데

네가 진정 떠날 줄은 꿈에도 몰랐는데

이대로 떠나가면 나난 어쩌라고 너밖에 모르는데

밤안개 속에 눈물이여

그대와 나 헤어지던 날 밤안개마저 자욱했지만

내 눈엔 유리알 같은 그대 모습이었지

기억에서 지우려 하고 가슴속에 묻으려 했지만

아련히 떠나가던 그대 모습 애처로워

밤안개에 묻혀서 한참을 서성이다 돌아설 적에

온몸을 감싸고 도는 밤안개 속에 눈물이여

양보해야 참사랑이겠지

꿈 사랑에 꿀을 발라서 구워 먹으면 무슨 맛일까

설익어진 사랑이라면 쓴맛이 나겠지

정 가마에다 꿀 넣고 푹 삶아 먹으면 어떤 맛날까

설익은 정속에는 실망이 서려 있겠지

구워서 먹든 삶아서 먹든 사랑이라면 달콤하겠지

너도 양보 나도 양보해야 참사랑이겠지

속마음 열어 봐 사랑이 오지

누가 내 마음을 훔치려 드나 속내 하나도 모르면서

준다고 다 사랑이냐 받는다고 사랑이냐

누가 속가슴 흔들려 하나 깊은 속내도 모르면서

가슴에서 우러나는 진심이나 보여 줘 봐

마음 훔친다고 몸이 가고 가슴 훔친다고 정이 가나

속가슴 펴놓고 속마음 열어 봐 사랑이 오지

가슴 시린 겨울이 오는데

내 마음을 그대 가슴속에 가둬 두고 떠나지 마소

가을에 떠나지 마소 추운 겨울이 오니

흔들리는 마음 그냥 두고 야속하게 떠나지 마소

엄동설한이 닥쳐오는데 어떡하라고

가실 때 가더라도 가을에 떠나지 마소 부탁이요

온몸 시리고 가슴 시린 겨울이 오는데

허전한 밤중 가슴속이여

낭만이 가득한 마음속만 뒤집어 놓고 떠난 사람아

강물에 떠내려가는 단풍잎도 아닌데

그대 옆에 있을 때는 미소가 그믐 조각달 닮았듯이

빙그레 웃어 주며 미소가 넘쳐 났는데

허전한 침실에 가을밤의 귀뚤귀뚤 귀뚜라미 소리

귓전을 울려 대는데 허전한 밤중 가슴속이여

사랑에 묻혀서 살고 싶지요

사랑하면 사랑한 대로 미우면 미운 대로 살아야지

생각나다가 잊을 때도 있는 사랑인데

붙어 있어 귀찮을 때가 있고 성가셔도 좋을 때 있지

사랑살이가 모 아니면 도 다 그런 거지

웃음도 짓다가 눈물까지 삼키며 살아야 한다는데

하룰 살아도 사랑에 묻혀서 살고 싶지요

우수수 떨어지는 사랑은 말고

미워하며 보내려도 영영 못 버릴 게 정이라지만

내 가슴속 후벼 파는 사람은 난 싫어

하늘 날다가 추락해도 위로해 주는 사람이 좋아

먹구름에 천둥 치며 소낙비 쏟아져도

짚 도랑이 씌어 주고 망부석이듯 날 지켜 주면 돼

단풍잎이듯 우수수 떨어지는 사랑은 말고

서러운 눈물을 달라 했나요

여지하듯 당신에게 진심에 좋아하면서 매달릴 땐

사랑을 달라했지 눈물을 달라 했나요

애절한 눈빛으로 다가서며 사랑 계단 밟아 왔는데

웃음을 달라고 했지 외로움 달라 했나

하늘 아래 당신 하나뿐이라고 수없이 믿어 왔는데

사랑을 달라 했지 서러운 눈물을 달라 했나요

가슴속에 품어 줄 거니

눈빛 마주치면 피하기 바쁘며 내 마음속 어찌 아나

앵두꽃잎도 엉켜져야 열매 열리는데

스쳐 지나가며 얼굴도 못 들면서 내 속을 어찌 아나

좋아 치는 손뼉도 마주쳐야 소리 나지

좋아하는데 피할게 뭐야 사랑하는데 외면하느냐

마음 눈빛으로 웃어 봐 가슴속에 품어 줄 거니

모락모락 당신 생각이 난다

생각이 난다 당신의 모습이 모락모락 생각이 난다

마음속 담고 가슴속 담았던 당신 생각

그리워지던 당신의 모습이 모락모락 그리워지던

그때가 좋고 당신이 좋던 지난 추억들

나도 피었고 당신 피었고 모락모락 모두가 피었던

낮이나 밤이나 모락모락 당신 생각이 난다

깨진 바가지 꿰매 봤자 온전하냐고

뭣 하러 왔소 뭣 하러 왔소 떠나가더니 뭣 하러 왔소

잊었던 추억인데 이제야 뭣 하러 왔소

싫다며 떠나고 말더니 진절머리 난다고 떠나더니

뭔 사연이기에 뭔 일로서 되돌아 왔소

뭣 하러 갔소 뭣 하러 갔소 되돌아올 걸 뭣 하러 갔소

깨진 바가지 꿰매 봤자 온전하냐고 뭣 하러 왔소

당신 하나면 돼

메마르고 허전한 마음 갈 곳 없을 때 받아 준 당신

눈물 나도록 고마움이 진심입니다

발길마다 허탕 밟아가며 하염없이 헤매던 발길

잡아 주며 멈추게 한 당신이 고맙지

인생이 뭐요 삶들이 뭐요 행복이 뭐요 인생살이에

내 옆에는 당신이면 돼 당신 하나면 돼

입술 데워 준 당신이 그리워져요

만나자마자 속마음 붙잡고 가슴속 뜨겁게 데워 준

당신이기에 내 어이해 잊을 수 있나요

마음도 얼큰 가슴도 뭉클 입술 덮으며 뜨거워질 때

이것이 운명에 필연인가 마냥 좋았지

인연은 이런 거라고 누가 말했나 이전엔 몰랐는데

생전에 첨 입술 데워 준 당신이 그리워져요

내 짝 하나가 없을까

가는 세월에 오는 세월이 지루하고도 재미없다고

세상살이 포기하고 인생살이 묻으려도

울긋불긋 피어난 꽃잎인 내 청춘이 아깝지 않느냐

한 번 피었다 시들어지는 인생이지만

하늘 아래 사람 사는데 아무려면 짝 하나가 없을까

등잔 밑이 어둡다는데 내 짝 하나가 없을까

정한 마음 포기하느냐

당신을 향한 나의 마음은 한결같지만

눈길조차 희미해지는 느낌일 때는 가슴이 먹먹해

차라리 내겐 꿈이 없다고 포기하려도

왜 이리도 마음속은 허전해지고 눈앞이 캄캄해져

하늘에 빌고 빌어도 대꾸조차 없으니

눈앞에 당신 없다고 아무렴 정한 마음 포기하느냐

아는 사람 하나 없는데

낮차 타고 부산에 갈거나 밤차 타고 목포로 갈거나

부산 가고 목포 가도 아는 사람이 없는데

허전한 마음 길잡이 삼아 먹먹한 가슴속 펼치려고

무작정 떠나 본다 파도 물결들 가르듯이

경부선 타고 부산에 갈까 호남선 타고 목포로 갈까

여기 가나 저기 가나 아는 사람 하나 없는데

버스 안 닿는 그대 온기가

마음속에 들락거리던 그 사람 이름을 물어보려도

한동안 보이질 않아 애간장만 녹였고

복잡한 출근길 버스 안에서 마주친 그대의 눈동자

가슴 덜컹 내려앉는 기분인데 어쩌나

마음속에 묻어두었던 그 사람이 별일은 없었어도

흔들려지는 버스 안 닿는 그대 온기가

창밖에 별들을 보네

몽실몽실 피어난 새벽녘에 스쳐지는 물안개처럼

바람결에도 흩어져 가는 물안개 인생

바람이 불면 사라질까 비 오면 젖어질까 안절부절

사랑이란 애물단지 깨질까 노심초사

꿈속에도 창밖에 물안개 꿈속을 헤매다가 깨나면

빈 가슴만 쓰다듬으며 창밖에 별들을 보네

원망 후회도 잊은 지 오래

원망도 마요 후회도 마요 사연 모두가 추억이잖아

아쉬움 속에 그리움 안고 돌아섰지만

섭섭해 마요 야속해 마요 세상에 흔한 일인데요 뭐

가슴 졸이며 눈물 고여도 견뎌야 했소

가는 세월에 오는 세월도 무심하잖아

세상살이가 식막해 가니 원망 후회도 잊은 지 오래

남은 인생 당신 위해 살리라

당신이 아니었다면 당신이 없었다면

아마도 나난 계곡 물위에 떠내려가는 낙엽이겠지

찐 당신이 몰랐으면 찐 당신 놓쳤으면

아마도 비 온 뒤 펼쳐진 무지개처럼 허망들 했겠지

당신 사랑 때문에 오늘이 있지를 않소

고마운 당신이기에 남은 인생을 당신 위해 살리라

흔적이 태산이네

령을 넘는 저 구름은 구름일 뿐 내 인생 아니잖아

몹쓸 사랑 굴레 헤어나지 못한 인생아

흘러가는 저 강물은 강물일 뿐 내 삶들이 아니잖아

사랑에 젖어 살다 보니 우물 안 개구리

저 바람은 세상만사 휘저어 가도 흔적 하나 없는데

인생살이 구석구석 흔적들이 태산이네

늦으면 어때요

한 번만 멈춰 봐 한 번만 쳐다봐 사랑이 스며들게끔

내일도 좋아 늦으면 어때 기다려야지

한 번만 웃어 줘 한 번만 잡아 줘 사랑이 익어 갈 거니

첨엔 머쓱했지만 갈수록 아름다워져

만나보다가 사랑이 익고 쳐다보다가 정이 드는데

오늘도 좋아 내일도 좋아 늦으면 어때요

밤하늘 별들 바라보는데

무지개처럼 사라져 버린 다시 못 오는 추억이지만

가슴속에 미련 남아 잊어지질 않는데

수 없이 태양이 뜨고 지며 밤하늘 별이 뜨고 져가도

허전해진 마음속 매달아 둘 곳이 없어

그래도 무지개이던 아름다운 추억들 영영 못 잊어

창문에 걸터앉아 밤하늘 별들 바라보는데

가슴속에 쌓아 놨는데

마음속 믿고요 가슴속도 믿지요 당신의 모든 것을

사계절이 수없이 흘러 강산이 변한대도

당신 향한 내 마음 차곡차곡 가슴속에 쌓아 놓았소

이 마음속 당신은 알까 생각다 잠드는

방랑자 사내 마음 이 밤도 잠 못 이룬 방랑자 신세

당신 마음 믿지요 가슴속에 쌓아 놨는데

누려 봐야 행복 알지

가히 감히 네가 날 울렸어 가히 감히 네가 날 버렸어

꿈꾸다 가위눌려 봉창을 두드리느냐

가히 감히 네가 날 배신해 가히 감히 네가 날 농락해

날아가는 까마귀 떼가 코웃음 칠거야

그 죗값을 어찌 치르려고 그 책임들 어떻게 지려고

죗값은 치러 봐야 알고 누려 봐야 행복 알지

한 번만 더 기대해 봐야지

멀거니 쳐다보는 너의 눈빛에 난 그만 오해를 했지

아무런 의미 없이 스치는 눈빛이라고

얼간이처럼 지나치는 발길에 난 실망이 컸었는데

눈치도 없으며 부질없는 사람이라고

살아 있는 눈빛이던데 삶아 놓은 눈빛이 아니던데

포기하기엔 아쉬워 한 번만 더 기대해 봐야지

아픈 가슴은 만들지 마소

사랑은 물결이야 인생 삶도 물결이야 일렁이니까

잔잔한 가슴속에 일렁이는 물결이냐

사랑은 웃음꽃에 이별은 눈물 강이야 흘러 버리니

눈가에 소리 없이 흐르는 두 줄기 눈물

사랑은 함박웃음 이별은 가슴앓이 상처만 남았다

사랑 상처는 주지 마 아픈 가슴은 만들지 마소

인생 반쪽은 어디에

뒤틀린 세상일지라도 얼굴은 펴고 살자 사내답게

성가시게 가로막은 일이 한두 번이냐

미지근한 세월에 팍팍한 세상에 누굴 믿어야 하나

소리 없이 온다는 인연 언제쯤 오려나

푸르던 잎은 떨어지고 앙상한 가지들만 남았는데

찬바람은 불어오는데 내 인생 반쪽은 어디에

파묻은 사랑도 꺼내 보자

나 좋고 당신 좋고 다 좋다면서 파묻힌 사랑 놓고서

꺼내 볼 생각은 않고 엉뚱한 수다 떨어

눈치 본다고 나오나 기다린다고 묻힌 사랑 나오나

미련 미련 떨지 마 바보들의 행진이지

당신이 좋고 나 좋으면 파묻은 사랑도 꺼내 봐야지

미련들 떨지 말고 파묻은 사랑도 꺼내 보자

난 신나고 좋은데 어떡해

난 그대만 보면 가슴속 울렁울렁 파도치니 어쩌나

눈에 띄지 말든지 싫으면 비켜 가던지

왜 눈앞에 알짱거리며 왜 내 동공까지 어지럽게 해

좋아하면 누가 뭐라나 사랑하면 뭐래

그대만 보면 마음속 아리송해 미치겠는데 어떡해

그대도 좋고 난 신나고 좋은데 어떡해

천 년 바위 이끼처럼

그대와 함께한다면 창공에 뭉게구름이듯 살리라

온 세상 내려다보며 그대 품고 살겠소

그대와 산다면 천 년 바위 이끼도 부럽지 않으리라

계곡폭포수 산천초목과 어우러지게

마음속에 마음이고 가슴속에 가슴이라고 하잖소

천 년 바위 이끼처럼 그대와 영영 살고 싶소

미워 미운 기다림이여

발병나 못 오시나 정이 없어 못 오시나 미워 미워요

하룰 못 봐도 십 년 같다더니 미워 미워

기다리던 하루하루에 저녁노을 이리도 야속한지

깊은 밤 귀뚜라미 울음이 가슴속 울려

발 병나 못 오시나 정이 없어 못 오시나 미워 미워져

기다리다가 잠드는 미워 미운 기다림이여

벌거벗은 맨몸인 것을

꿈속에 떠가는 구름이듯이 맨살 스치는 바람이듯

살포시 그대 가슴팍에 파묻히고 싶소

언덕에 기대듯 벤치에 기대듯 그대 어깨가 그리워

반백 년도 못 가는 웃음 인생 현실인데

맨몸에 태어나 맨몸으로 떠나는 인생이라 하잖소

그대 맨몸에 나 맨몸에 벌거벗은 맨몸인 것을

꿈속에도 아쉬움만 남아

그대 그대의 얼굴 생각다 그대 그대 모습들 그리다

잠들어 버린 꿈속이지만 그리움 남아

자정 지나자 어둠 속으로 사라져 버린 그대 생각에

나만 홀로 왜 어둠 속을 헤매야 하는지

그대 희미한 모습 생각에 그대 시뿌연 형체 담다가

지쳐서 잠들어도 꿈속에도 아쉬움만 남아

태양보다도 반가운 사람아

내 이름을 불러주며 다가오는 그 사람의 목소리가

들리며 자박자박 다가선 발자국 소리

가까워질수록 마음속은 싱숭생숭 가슴속 요동쳐

수줍은 심장혈전이 머리 위로 치솟고

멀리서 손 흔들며 웃어 주는데 왜 그리도 좋았던지

하늘땅보다 좋고 태양보다도 반가운 사람아

검은 머리 엉덩이 덮는 여인아

검은 머리가락 치렁치렁 엉덩이 덮는 내 여인이여

왜 이리도 내 마음 설레게 혼돈만 주나

개미허리 저리 가라 홀쭉한 맵시 쟁이 내 여인이여

사내 마음 흔들어 대니 가슴속 먹먹해

주려거든 마음을 주고 가지려면 가슴팍에 기대 봐

치렁치렁 검은 머리 엉덩이 덮는 여인아

탁 트인 황야라고 착각 마시라

이 몸 어디로 떠내려가는지 알고나 떠내려가는지

당신 따라 떠내려가자니 아닌 것 같고

내가 왜 이렇게 끌려가는 건지 알고나 끌려가는지

인연이 아니면 놓아주고 멈춰 주면 해

뻥 뚫린 하늘에다 탁 트인 황야라고들 착각 마시라

산을 넘고 강도 건너야 하는 인생살인데 뭘

헌 사랑이 좋다는데

웃어도 좋고 울어도 좋고 다퉈도 좋던 사이사이가

어느새 시들시들 자꾸 시들어 가더니

너덜너덜 찢어지고 구멍들이 나는데 어쩌면 좋아

헤어지기 억울하면 짜깁기하고 살자

이왕지사 만났는데 짜깁기에 꿰매 보면 어떠냐고

옷은 새 옷이 좋고 사랑은 헌 사랑이 좋다는데

사랑 인연 운명이 아닌가 싶소

멀리서 바라보다 마는 희미한 사랑들도 있다지만

손뼉도 마주쳐야 큰소리가 난다잖아

등잔 밑이 어둡다고 앞에 두고도 못 찾은 인연인데

구슬 서말이면 뭐해 꿰매야 보석이지

사랑이 마음대로 되냐고 인연이 생각대로 되냐고

세상에 아마도 사랑 인연 운명이 아닌가 싶소

투덜투덜 불만들 마소

싱글벙글 오신 님 내 님이고 투덜투덜 가신 님 타인

이왕에 만났으면 웃음꽃을 피워 주오

님이 시여 울 님아 푸른 잎이 단풍이듯 변하지 마요

오색 무지개 지우지 마요 내 소원이요

안아 주던 그 님도 내 님에 비켜 가던 그 님 내 님인데

싱글벙글 웃어 주오 투덜투덜 불만들 마소

무지개 행복이 영영 깃들겠지

사랑하는 마음도 투덜대는 마음도 내게로 가져와

하늘 무너져도 그대만은 지켜 가겠소

믿어 봐 봐요 지켜 봐 봐요 미래 행복이 펼쳐지는데

콩 심은 데 콩 나고 팥 심은 데 팥이 나지

눈 딱 감고서 믿어 봐 염려 놓고서 믿어 봐 날 믿어 봐

태양 비추는 무지개 행복이 영영 깃들겠지

그럭저럭 사는 거라는데

소낙비가 내리듯 눈물도 쏟으며 살아 온 세월 속에

흐뭇하게 웃어 본 날이 그 며칠이드냐

목구멍이 매이듯 답답한 가슴 쳐 가며 살아 왔건만

언제쯤 가슴 쭉 펴고 웃어 볼 날 있으랴

고난에 눈물도 멈춰 버렸소 웃음도 다 잃어버렸소

어차피 인생살이 그럭저럭 사는 거라는데

구름이듯 살겠소

내 눈엔 너만 보여 내 눈엔 너만 보여 자꾸 이러지

잊을까 접어 볼까 아무리 생각해 봐도

내 눈엔 너뿐이야 내 맘엔 너뿐이야 들뜬 마음속에

추억에 묻으랴 강물에 띄우려고 해도

마음속에 내키지 않는 걸 가슴속에 떠나질 않는걸

세월 가는 길 따라가겠소 구름이듯 살겠소

왜 이리도 팍팍해지나

세상살이 산다는 게 왜 이리도 힘겹고 팍팍해지나

호락호락 넘어가는 일 하나가 없는지

올바르게 살려고 하늘에 맹서하고 눈감고 귀 막고

궂은일 다 겪으며 벙어리로 산 세월들

세월은 흘러가도 말이 없는데 인생사 말이 많은데

세상살이 삶들이 왜 이리도 팍팍해지나

고향 산천이 그리워져요

어머님의 품속 같던 포근한 고향 산천이 그리워져

봄이면 잔대 캐 먹고 찔레 순 꺾어 먹고

바위에 올라 뛰어내리던 개구쟁이 멱 감던 시절아

입술이 파래지도록 지칠 줄 모르던 동심

울퉁불퉁 꽁꽁 얼어붙은 개울 얼음 위에 썰매 타던

어머님의 품속 닮은 고향 산천이 그리워져요

나 혼자만이 좋아하나 봐

한 번 쳐다봐 주면 어때서 한 번 바라봐 주면 어때서

요렇게 기다리면서 고대하고 있는데

한 번 웃어 준다고 뭐라나 윙크해 주면 누가 뭐라나

밤잠 설쳐 가며 한잠도 못 이루었는데

세상 이리 고민스러워 인생 왜 이리도 가증스러워

그래도 보고 싶어져 나 혼자만이 좋아하나 봐

추억 속의 인연이여

내 마음속만 쏙 빼놓고서 흔들어 대던 그 사람인데

왜 날 모른척하며 그리도 외면했는지

이내 속가슴만 열어 보려 노크해 오던 그 사람인데

왜 나를 알면서도 그렇게 무심했는지

생각하면 후회되고 잊지를 못하는 인연이라지만

강물 위에 떠내려가 버린 추억 속의 인연이여

인정미가 철철 넘쳐 나니까

내 님인 당신은 내 마음속 설레게 만드는 사람이야

바라만 봐도 미소가 철철 넘치는 사람

내 님 당신은 내 가슴속도 꽉꽉 채워 주는 사람이야

보면 볼수록 인정미 넘치는 사람이야

내 님 당신은 마음 가슴 황홀하게 만드는 재주에다

가면 갈수록 인정미가 철철 넘쳐나니까

내겐 고마운 사람이야

세상만사가 절벽이던 나의 속마음을 가슴속으로

보듬어 준 그 사람 왜 그리 포근하던지

그때의 그 기분은 영원하게 잊을 수가 없다니까요

어찌 마음 전할까 속가슴 펼쳐 보일까

너덜너덜 다 찢기어 나가던 마음속에 가슴팍으로

살며시 붙잡아 준 내겐 고마운 사람이야

단풍 이불 덮어 주던 나의 파수꾼

별빛들이 반짝거리고 달빛이 훤하게 웃는 한밤에

날 꼭 껴안고 서 속삭이던 그 사람인데

바람이 살랑거리고 단풍잎이 물들어 가는 가을밤

귀에 대고 좋아해요 속삭이던 사람아

달빛 속에 추억을 만들고 단풍잎으로 덮어 준 사람

휘영청 달빛 아래 단풍 이불 덮어 주던 나의 파수꾼

생각하기 나름이지

외로움을 겪어 본 사람에 그리움에 젖어 본 사람들
모두 모두 다 잃어버려서 안달하지만
가슴 한구석 구멍이 뚫려 마음 한구석 바람이 빠져
헛웃음 흘리면서 하늘만 보다 마는가
그 누가 운명이라 했든가 누가 팔자라고 했든가요
인생 마음먹기 나름에다 생각하기 나름이지

오늘만 같으면 살맛나구나

와요 와요 내게로 그 님이 와요 와요 와요 내게로 와
일구월심 기다리던 그 님 이제야 오네
오네 오네 내게로 님이 오네 고대하던 내 님이 와요
하늘이시여 땅이시여 오늘만 같으면
꿈인가 생시인가 살랑살랑 내 님이 내게로 오는데
세상살이 인생살이 오늘만 같으면 살맛나구나

앞 보고 내달려 나는 나니까

속마음이 칙칙해져도 티 내지 말자고 나는 나니까

뛰어 뛰어 앞만 보고 뛰어 미래 위하여

속가슴이 답답해도 티 내지는 말자 나는 나라니까

달려 달려 앞만 보고 달려 힘차게 달려

칙칙하고 답답해도 티 내지는 말자 나는 나라니까

달려 달려 앞 보고 내달려 나는 나니까

허전한 침묵 다신 않겠소

생각하다가 생각다가 깜박하다 보니 잠들었는데

그 사람 팔베개에 취한 꿈속의 인연아

기다리다가 기다리다 지치고 지쳐서 쓰러졌는데

그 사람이 보듬어 주던 꿈속의 만남이

생각다마는 추억이더냐 기다리다마는 인생인가

꿈속에서 깨나면 허전한 침묵 다신 않겠소

노을에 묻힌 석양이드라

상상하다가 꿈에 그리며 그 한 사람을 상상하다가

세월도 놓쳐 사람도 놓쳐 흘러온 청춘

그리워하다 그리워하다가 한 사람을 그리워하다

청춘도 가고 세월도 놓쳐 노을이드라

가슴 쳐 가며 늦지 않았다며 두 주먹을 불끈 쥐어도

청춘은 떠나가 버린 노을에 묻힌 석양이드라

한 번만 웃어 줬으면

한 번만 바라봐만 봐도 미련 따위들은 없었을 것을

새록새록 생각나고 지울 수 없었는데

한 번만 웃어 줬으면 스쳐 간 인연이라 믿었을 것을

마음속 아롱거리고 속가슴이 허전해

미련 인연들 잊어야겠지 꿈 속 열망도 버려야겠지

한 번만 만나 봤으면 한 번만 웃어 줬으면

눈물도 흘릴 때 있지

첨 당신을 좋아할 땐 꿀맛이듯 사랑을 원했다지만

살다 보니 울화통 파도이듯 밀려오고

첨 눈길엔 슬기로움 묻어 있고 순한 양들 같았는데

한 해 두 해 흐르더니 폭풍우 같아지고

사랑 웃으며 받아 주고 눈물 슬기롭게 받아 줘야지

살다 보면 웃을 때 있고 눈물도 흘릴 때 있지

난 오직 너뿐이야

생각을 못했어도 기대도 안 했어도 뚜벅뚜벅 찾아와

추운 마음 구들장이듯 따시게 데워 준

그대 고마운 정성들이 내 가슴속에 파고들 때이면

하늘 보며 세상 젤 행복한 사람이라고

널 보노라면 널 만나 보면 행운아라고 소리치고파

가면 갈수록 좋아지니 난 오직 너뿐이야

까뒤집어 보이고픈 재주꾼

그대 그댄 남몰래 내 마음속 설레게 만드는 재주꾼

이 무슨 이변에다가 그 무슨 희귀이냐

그대 그댄 살며시 속가슴 뭉클하게 만드는 마술사

하늘이 내려 준 건가 정해진 운명인가

바라만 봐도 너무 좋아 입이 귀에 걸리는 마술사

속마음 홀라당 까뒤집어 보이고픈 재주꾼

사랑 뜨거워지겠지

나 그대와 이리 쉽게 만날 줄 알았더라면

꽃피는 과수나무 심어놓고 꽃비를 맞고만 싶어져

나 그대와 사랑살이 반려길 첫 단추인데

소낙비를 맞아도 눈보라 쳐도 사랑 익어만 가겠지

나 그대와 영혼의 길 거칠고 힘에 부쳐도

눈보라 속 양손 호호 불어도 사랑은 뜨거워지겠지

똑똑똑 노크하며 수없이 두드려도 기척도 없는데

무심한 자여 접자 접어 사랑 구걸 접자

앞 보고 옆 보고 뒤에서 봐도 분명한 이내 사랑인데

어쩌면 그리도 모른 척 비켜만 가는지

아무리 여자지만 자존심 있는데 거절도 유분수지

마지막 노크 똑똑똑 사랑 노크 받아 주오

속가슴이 울컥해

웃음으로 만났던 사람아 좋아 좋아 만났던 사람아

헤어지려니 눈물이 나고 목이 매이네

사랑해 만나던 사람 뜨거워서 만나던 사람인데도

볼 수 없다니 가슴속 먹먹 눈앞이 캄캄

다툼 한 번 없었던 사람 미워한 적 없었던 사람인데

마지막 인사에 마음 아파 속가슴이 울컥해

핑 도는 서러운 눈물샘을 감춰 보려고

하늘을 쳐다보면서 실성한 사람이듯 넋을 놓아도

마음속에 숨겨진 사연 말할 수 없으니

잊어야 하는 사랑이더냐 버려야 하는 인연이더냐

세월만 야속하냐고 세상도 야박하지

보고 보고 다시들 봐도 신성한 내 추억 속 사랑인데

뭘 그리 바라나

오는 말이 고와야 가는 말도 곱다는데

시답잖은 말 한마디 툭 던져 놓고나 뭘 그리 바라나

오는 정이 고와야 가는 정도 곱다는데

맘에 없는 눈빛으로 쏘아보더니 관심이나 있는지

받는 게 있어야지 주고도 싶어지잖아

처삼촌 묘소 벌초하듯 대충하더니 뭘 그리 바라나

해저보다도 속 깊은 여자야

나난 당신이 생각하듯이 마음속 얇은 여자가 아냐

태평양 해저보다도 속 깊은 여자인데

혹여나 내 마음속이 얇아지면 버리고 떠나도 좋아

속 깊은 맘씨가 사시사철 한결 같은데

나난 당신이 생각하듯이 마음속 좁은 여자가 아냐

우주보다 넓고 해저보다도 속 깊은 여자야

바닷속 용왕님이나 알라나

남 보는 앞에서 눈 흘기며 짜증 내듯이 하는지 몰라

둘이 있으면 젖은 눈으로 바라보면서

유난이 부끄럼타는 여인 남의 눈 의식하는 여인아

언제 한 번 남들 앞에 생긋 웃어 주려나

그래도 내겐 소중해 하루도 못 보면 궁금한 여인아

하늘이 알라나 바닷속 용왕님이나 알라나

세월이 해결사란다

사랑과 침묵 사이에 슬그머니 끼어든 능청 몰이에

쫓아 버릴까 씻어 버릴까 고민 중인데

내버려둬 지치고 쓰러져서 못 견디면 돌아가겠지

고민하지 마 후회하지 마 잘 되겠지 뭐

마음은 마음이고 사랑은 사랑이니까 냅다 버려 둬

사랑과 침묵 사이는 세월이 해결사란다

미화원 아버지야

남들은 하루 일과 마치고 퇴근해 고단해 잠들 때면

난 출근해서 야광복 갈아입고 작업길

오물에 쓰레기 썩은 냄새들 수거하는 야간 미화원

새벽녘 비지땀에 온몸이 흠뻑 젖어도

그래도 착한 아내에 왕자 아들 공주 딸 두 남매만의

아버지 나는 자랑스러운 미화원 아버지야

사랑에 취해 보니 죽어도 못 떠난다며 매달려 놓고

이제와 헛소리하는 뻔뻔스런 사람아

정들어서 못 떠난다고 말해 놓고 이제 와 푸념들만

늘어놓으면 나는 나는야 어떡하라고

혼자는 죽어도 못 간다고 너스레들 떨더니 이제 와

헤어지자면 나는 어쩌라고 나는 어쩌라고

아름다운 그대 모습 눈 속에 빨아들여

마음속에 차곡차곡 쌓고나 보고 플 때 꺼내 보고파

향기로운 그대 향기 마음속 담아 두고

뚜껑 열면 날아갈까 쏟아질까 코끝에 음미해 가며

싱그러운 온몸에 뿌려져 진동시키며

사랑의 문 활짝 열고 미래를 위해 오늘도 기다려요

얼굴 한번 못 보고

1.

울 엄마 하신 말씀 얼굴 한 번 못 보고 정혼했어도

팔자려니 살다 보니 새록새록 정도 들더라

손이 없는지 발이 없는지 처녀 가슴 애가 타지만

초례식장 실눈 뜨고 보고나 안도 한숨

살아갈수록 살맛 나고 인생 행복 마음먹기라고

인생 별거 없더라 사랑하기 나름인 것을

2.

울 아빠 하신 말씀 얼굴 한 번 못 보고 결혼했어도

필연이라 살다 보니 칠공주도 낳고 살았다

미모였는지 추모였는지 총각 마음속 애가 타지만

초례식장 날 큰 눈 뜨고 마주 보며 안도 한숨

살아 보니까 복덩이더라 인생연분 따로 없다더니

칠 공주에 아들 얻으니 세상이 내 것인데

팔자대로 살리라

뭐야 뭐야 니가 뭐야 내 마음속 요렇게 뒤집어 놓나

알고 보니 쪼잔 한 밴댕이 속 알머리야

뭔데 뭔데 니가 뭔데 내 가슴속 이렇게 아프게 하나

눈물 삼키며 가슴 아파도 좋아했는데

무심한 세월 야속한 세상에 잊고 살고 접고 살겠소

바람 따라 구름 따라 팔자대로 살리라

자존심 하나는 남았는데

싫다는데 왜 자꾸만 매달려 자존심도 없는가 보다

여기저기에 오라는데도 많다 하면서

꿈들도 크고 마음도 크고 음지란 생각도 못했는데

너 같은 얼간이 때문에 나난 미쳐만 가

떡 줄 사람 생각도 않는데 김칫국들 마시지 말라고

그 누가 뭐라도 자존심 하나는 남았는데

이 한 밤을 신나게

마음이 풀린 줄도 모르고 눈빛이 풀린 줄도 모르고

밤새워 춤추며 지칠 줄 모르고 놀았지

마신 술 취한 줄도 모르고 지퍼가 열린 줄도 모르고

밤새 마시며 날 새는 줄 모르고 춤췄지

스트레스 풀다가 쓰러져 구급차에 실려 가드라도

춤추고 놀자 마시며 놀자 이 한 밤을 신나게

참 해바라기 가슴속이

뭐가 못마땅해서 뭐에 틀어졌기에 나 하나 두고서

해바라기 나날 두고 몰래 떠나려고 해

조금 서운해도 아무리 밉더라도 요렇게 떠나가면

하늘같이 믿었던 날 두고 떠나 버리면

나난 어떡하라고 나난 어찌 살라고 얄미운 사람아

참 해바라기 가슴속이 까맣게 타들어 간다

눈물에 잠기던 그대의 눈동자

마음만 스리슬쩍 던지지 말고 가슴으로 사랑해 봐

차곡차곡 쌓아 두고 촉촉이 적셔 줘 봐

구름이던 마음도 바람이던 가슴도 멈출 때 있듯이

웃는 얼굴 외면 못해 사랑에 취한 마음

오직 하나 세상에 당신 위해 영원히 살고만 싶은데

눈물에 잠기던 그대의 눈동자 그리워져

애간장만 타들어 간다

넌 내 마음속 구석구석 안다 했지 솔직히 뻥이잖아

요리조리 마음 떠보는 게 너의 꼼수야

올가미 씌워 보려 덤터기 씌워 보려다 아니면 말고

오발탄만 쏘아 대며 반성 없는 너잖아

가슴속 깊이 구석구석 헤집는 말끝마다 뻥이잖아

마음 가슴속 아리고 애간장만 타들어 간다

난 그대와 살고만 싶소

나 그대가 없었다면 세월 속에 사계절도 몰랐겠지

봄 개나리 녹음 계절 단풍잎 설야 풍경

나 그대를 알고부터 사계절 속의 생동감을 알았고

눈 감고 잠자고 눈 뜨고서 일을 하잖아

나난 그대 생각만 해도 바라만 봐도 이리도 좋은걸

저 세월에 묻혀서 난 그대와 살고만 싶소

내게로 돌아와 주오

오늘이 저물어 가면서 또다시 내일이 밝아 오듯이

그 사람 날 버렸어도 한 번쯤 만나겠지

세월이 흘러가고 세상 변해가도 그 사람이 생각나

새싹이던 그대여 꽃이시던 그대시여

머뭇거리지 말고 쉬지도 말고 내게로 돌아와 주오

요렇게 기다리는데 내게로 돌아와 주오

당신과 함께이고 싶어라

당신을 알고부터 인생의 참 맛이란 것을 알았으며

이전엔 아무것도 느끼지를 못 했는데

당신을 알고부터 인생의 신비함을 느끼고 살잖아

이전엔 인생길도 모르고 살아 왔는데

인생의 삶과 신비함 깨우쳐 준 당신 진정 고마워요

이대로 영원히 당신과 함께이고 싶어라

내 옆에 있어 주면 돼

당신 위한 나의 속마음은 천하를 다 주고도 모자라

밤하늘에 수많은 별들 다 따서 주고파

내게 당신이 준다고 치자면 무엇을 줄 수가 있나요

난 다 필요 없는데 당신 하나 있으면 돼

백 년 살던 천 년을 살던 내게는 당신 하나뿐이니까

세상살이 등질 때까지 내 옆에 있어 주면 돼

못 오는 사람이나요

아직도 당신의 가슴속에 내 모습들이 남아 있을까
난 아직도 가슴속에 깊숙이 품었는데
세월 가고 세상 변해도 난 아무것도 변한 게 없는데
기다려야만 하나여 잊어야만 하나여
봄 여름 가을 겨울 사계절은 어김없이 오고 가는데
당신은 한 번 가시면 못 오는 사람이나요

양다리에 쥐나도록

얼마나 그 한 사람을 가슴속에 깊숙하게 품었으면
마음속 떠보려고 별 신경을 다 썼을까
얼마나 좋으면 붙잡으려 자존심까지 까 뭉개가며
양다리에 쥐가 나도록 기다렸는데
하늘이 아시려나 달님이 아시려나 기다린 마음을
양다리에 쥐나도록 기다렸단 말이요

인연이라면 또 만나겠지 뭐

이 한 사람 떠난다고 고개 숙여 가며 한숨 짓지 마소

인연이란 왔다가 갈 수도 있는 거지 뭐

애써 가며 만났지만 놓아 주는 배려도 인생이잖소

해류처럼 떠돌다가도 또 만나겠지 뭐

세월을 등짐 삼아 세상을 일터 삼아서 살다 가 보면

그 사람도 인연이라면 또 만나겠지 뭐

기대가 반인걸

사랑한다고 솔직하게 터놓고나 고백하고 싶지만

좋아한다고 한마디 속삭이고 싶지만

멀뚱멀뚱한 그대 행동에 실망마저 얄밉게 컸지만

영을 넘는 저 구름이듯 지나가 버려도

사무치던 이내 가슴속엔 내일이면 또 만나겠지 뭐

그 사람 다시 돌아오겠지 기대가 반인걸

내 소원 거스르지 마요

눈가에 이슬이 가득 차려나 웃음만이 가득 차려나

알 수 없다지만 인생사를 누가 알겠소

구름이듯 떠나가지 마요 바람이듯 스쳐 가지 마요

어렵사리 만났는데 이별만은 싫어져

아무리 힘겨워도 웃음만을 주오 바람과 소원이요

거스르지 마요 제발 내 소원 거스르지 마요

구석구석 스캔할 거야

수없이 던져 보는 나의 애정 눈길에 걸려들지 않는

능청 떠는 그 사람이 왜 그리도 좋은지

그 사람 마음 알아내려고 구석구석들 스캔하면서

구부러졌나 접혔나 뚫어져라 보아도

눈길조차 주지 않는 그 사람이 너무나 야속했지만

내게 푹 빠질 때까지 구석구석 스캔할 거야

코스모스이듯 살고만 싶은데

바람결에 한들한들 흔들리는 코스모스 꽃잎이듯

폼 나게끔 춤춰 가며 살고만 싶었지만

구름인가 바람이냐 이내 인연 기별조차 없었으니

요놈 인생살이 꼬여 가는지 모르니까

까치발 딛고서 사방 둘러봐도 인연 온데간데없어

한들한들 코스모스이듯 살고만 싶은데

널부러진 사랑들은 없다니까

말로는 주야장천 당신만 사랑한다고 말해 놓고서

돌아서면 이곳저곳 한눈파는 사람아

하루를 만나도 진심 안고 만나야 사랑이라 하던데

슬픔들도 겪어 봤다 기쁨도 겪어 봤다

짧은 세상에 둥글둥글 살아가면 그 누가 뭐라더냐

길바닥에 널부러진 사랑들은 없다니까

오천 년의 민족인 것을

오천 년 지켜 온 백의민족인데 좋은 일은 못해도

어디에 가도 욕은 안 먹고 살아가야지

오천 년의 백의 민족 이 세상 어디에 또 있다드나

이래치고 저래 치도 견뎌 온 민족인데

욕심내면 거덜 나고 힘자랑들은 망조가 아니더냐

올곧은 우리 역사 오천 년의 민족인 것을

인생은 봄날이 아냐

아니면 말고 아니면 말고 그러다 인생살이 쪽 난다

너 그리 살다가 장가 못 가고 외톨이야

눈만 높다간 눈만 높다간 혼기 놓치고 후회만 남아

너 그리 살단 시집 못 가고 땅을 칠 거야

아니면 말고 눈만 높다간 혼기 놓치고 평생 후회야

세월 인생에 세상 인생에 인생은 봄날이 아냐

사랑이 뭐야 만우절이냐

너 넌 나를 사랑하는 마음 가슴속에 다 담았다면서

너스레를 떨던 게 달포가 넘어가는데

오늘도 감감무소식 핸드폰이 꺼졌나 들여다봐도

선명하게 자정 시간까지 밝혀 주는데

사랑이 뭐야 허풍쟁이냐 사랑이 뭐야 만우절이냐

거짓말이 통하는 사랑이 뭐야 만우절이냐

어둠 속에 그 남자

저 노을에 지는 해도 숨어 버리고 어둠이 깔려지면

진종일 잊었던 그 사람 모습이 떠올라

어깨동무 짝들도 아니고 딱 한 번 마주 쳤을 뿐인데

왜 이리도 마음속에 착착 들러붙는지

아침에 떠올라 저녁노을 속 꼭꼭 숨는 태양이드냐

내 가슴속 설레게 만든 어둠 속에 그 남자

사연이 죄라면 몰라도

그대를 좋아한 죄이든가 그대를 사랑한 죄이든가

창가에 달빛만 비춰도 눈물이 글썽여

그대를 사모했던 눈물인가 그댈 멀리한 시련인가

잠에 깨나도 허전한 마음 가누지 못해

미련 속에 못 잊을 인연이면 추억에다 묻었어야지

여기까지 끌어온 사연이 죄라면 몰라도

얼마나 남은 인생이라고

바라보지만 말랬지 내게 오랬지 어서어서 오랬지

언제까지 널 기다릴 순 없는 일이잖아

시간이 없다 말했지 너 하나 위해 세월만 다 보내나

세월들이 아쉽고 내 청춘이 아깝잖아

미적대지 말랬지 시간 없다고 미적거리지 말랬지

얼마나 남은 세월에 얼마나 남은 인생이라고

진주 속에 묻혀있는 그대 고운 마음씨 내게 준다면

아마도 깜짝 놀라 마음 모아 사랑하지

순진 항아리에 담겨진 그대 고운 모습 다 가진다면

닳아질까 때 묻을라 고이 간직하리라

그대 진심 마음속 있고 그대 진심이 보이지 않아도

난 그대라면 믿어 가며 행복 품고 살리라

오빠가 될지 타인이 될지 오빠가 할 나름이라지만

밤하늘에 빛나는 저 유성이고 싶은데

놓치고 싶잖아 마음속으로 솔직하게 고백하는데

굴러든 복덩이인데 미친 척 받아 줘요

오빠라고 부르고 싶은데 받아 준다고 누가 뭐라나

놓치고 후회 말고 오빠라 부르게 해 줘요

억새밭이 무성하듯이

묵은 억새 새 억새가 연인이듯 다정히도 일렁이는

명성산자락 앉아서 마주치는 눈빛 속

직류처럼 전해지는 아름답고 고왔던 그대 눈망울

하늘이 내려 주시고 신들이 노래하듯

죽어도 이내 가슴속 깊이 영원토록 간직을 하리다

억새밭이 무성하듯이 영영 섬겨 가겠소

너와의 사랑뿐인데

쪽팔리게 남의 눈치 볼 게 뭐 있어 너와 나 미래인데

인생 항아리 속사랑들이 넘쳐 나는데

쪽팔리게 남들이 내 인생을 살아 주나 착각 마시라

아침햇살처럼 눈부시게 빛난 인생아

쪽팔리게 눈치까지 왜 봐 쪽팔리게 남 의식 왜 하나

세월 가도 익어 가는 너와의 사랑뿐인데

내 맘이나 좀 알아 줘

태어날 때 많이도 울어 두 번 다시 눈물이 싫었는데
네가 왜 다그치며 눈물샘을 만들려 해
엄마 아빠에도 혼난 적 없는데 툭하면 베개 매질에
참는데도 한계가 있지 이건 진짜 아냐
웃으려고 만났는데 이러다 불안증만 생기겠는데
제발 부탁해 자기야 내 맘이나 좀 알아 줘

마음 상처뿐인데

사랑하다가 시들어지면 원망하나가 남을 뿐인데
미움의 눈물 버려야 하나 지워야 하나
억울하다고 못 버리다가는 아까워서 가지다가는
이것저것 모든 것들이 무용지물인데
좋아하다가 틀어진다면 추억하나가 남을 뿐인데
미적거리다 놓쳐 버리면 마음 상처뿐인데

사랑 삶이지 뭐

그대와 나 뒤틀어지면 어떻고 어긋나면 어때 가요

철석같은 사랑에 금만 안 가면 돼지

세상살이 살다 보면 내 손발도 미울 때도 있다는데

그대와 나 이별이 아니면 따지지 말자

남과 남이 만나면서 한 몸같이 살아가기 쉬운 거니

밉다가 좋을 때도 있어야 사랑 삶이지 뭐

마음속은 휴일인데

너 넌 나 데리고 장난들 칠 거면 김칫국 마시지 마라

떡 줄 사람 마음속을 꼭꼭 닫아 놨는데

너 넌 알량한 재주로 마음속마저 훔치려 들지 마라

언감생심 어림없다고 꿈도 꾸지 마시라

너 넌 나 데리고 놀다가 말 거면 일찌감치 포기해라

마음속은 휴일인데 정 없는 사랑 싫으니까

내일 위해 사는 걸 뭘

죽음도 맘대로 안 되니까 삶마저 맘대로 안 되는 게

세상살이에 인생살이가 아닌가 싶소

태어날 땐 인간은 누구나 큰소리치며 나왔다지만

높거나 낮고 길거나 짧은 오만가지야

불만들 끙끙대며 짊어지고 인생살이 살아가려도

너털웃음 내뱉으며 내일 위해 사는 걸 뭘

요렇게 익어 가는 걸

끝내자고 헤어지자 다시는 연락 말자 말은 했지만

그땐 진짜 오해하며 화가나 한 말이야

십 분만 지나가면 왜 그랬는지 후회되고들 마는데

얼마나 믿어 가며 얼마나 사랑해일까

안 보면 보고 싶고 없으면 옆구리까지 허전한 사람

요렇게 피었다가 요렇게 익어 가는 걸

나비로 날아와 주오

당신이라면 당신만을 위한 아름다운 꽃이 되리라

요지 부동 사랑 당신 위해 피워 가겠소

사랑하나 꽃피우기 위해 나비가 돼 날아 와 준다면

미소 입술로 해바라기이듯 사랑하리라

당신이라면 사랑 위하여 싱그러운 꽃을 피우리라

사랑 향기 꽃인데 나비로 날아와 주오

눈 씻고 찾아봐도

이 넓은 세상에 어디 가면 내 사람 하나 없겠냐 만은

이왕에 만나는데 좋은 인연 만들려고

이곳저곳을 헤매 보지만 헛걸음만 디디다 보니까

시들한 데다 내 맘에는 쏙 안 들었지만

그래도 저번에 만났던 사람인 그 사람만한 사람도

눈을 씻고 찾아봐도 더는 보이지 않아

나더러 어떡하라고

그대가 옆에 있으면 무슨 일들이 생길 것만 같아도

끌리면서 한없이도 좋은데 어떡해요

요만큼이나 착 달라붙으면 큰일 날 것만 같은데도

보고 싶고요 억수같이 좋은데 어떡해

핸드폰 울려도 가슴속이 철렁 내려앉는 기분인데

나더러 어떡하라고 나더러 어쩌라고요

찰떡 짝꿍이면 천생연분이지

그대 나 하나 받아 준다면 진정 한 번만 받아 준다면

난 간 쓸개도 다 빼서 줄 수도 있다고요

그대가 나 하나 좋아해 주고 진심 모아 받아 준다면

난 영혼까지도 모두 다 줄 수 있다니까

인생이 뭐요 별거던가요 사랑이란 뭐 별거던가요

찰떡 사랑에 찰떡 짝꿍이면 천생연분이지

가슴속에 담았던 추억

눈 감으면 떠오른 사람아 나만을 위하던 그 사람이
지금은 어느 곳에서 뭘 하고 사시는지
꿈속에도 찾아서 헤매고 가슴속에 담았던 사람아
잊으려도 지우려도 더더욱 생각나는
그 사람 그늘이 한없이 좋았던 추억들이 그리워요
마음속 불러 보고 가슴속에 담았던 추억

훤하게 웃어 주오

쫄깃쫄깃한 감칠맛 나는 그대 사랑에 젖어 살지만
어쩌다가 한 번만 디 틀어져 버려도
산사태와 같았던 가슴속을 그 사람은 알고나 있나
달콤한 사랑 설계사라면 모르겠지만
내 마음속을 우그러지게 찌그러지게 하지는 말고
잇몸까지 드러나도록 훤하게 웃어 주오

그대와 나 사랑이잖아

그대와 나 어울림이 하늘에서 떨어진 게 아니잖아

땅속에 솟아난 것들도 아닌 걸 알잖아

그대와 나의 사랑이 강물처럼 흘러 흘러가다가도

언덕 만나면 폭포수로 굴러떨어져도

흘러가다 어울려지는 강물이듯이 또다시 만나는

헤어지지 못하는 그대와 나 사랑이잖아

훤한 내일이 오고 있잖아

내가 태어나 이 세상에서 당신이란 사람 없었다면

늪이란 세월 따라 허우적대며 살았고

인생 날개 하나 없었으며 아름다운 인생 무지개가

존재하는 것조차도 모르고 살았겠지

하늘이시여 그대이시여 내 삶까지 이끌어 주심에

오늘이 있고 훤한 내일이 오고 있잖아

사랑은 멀어지는 것

사랑의 눈빛이란 밝기도 하지만 어둡기도 하드라
어둠 속 진실 들여다볼 수가 없으니까
사랑 마음 하나 숨기긴 쉬워도 알아내기란 힘들어
검댕이 가슴속까지 조마조마하니까
구름이듯이 내려만 보다 바람이듯이 스쳐 지나면
때늦은 후회에다 사랑은 멀어지는 것

삶들의 행복이겠지

세상살이 속에 당신이란 착한 사람이 없었더라면
무슨 재미로 이 세상 속에 살아가라고
하루하루를 당신이란 한 사람 만나지 못했더라면
단잠 자고 깨어나는 의미란 뭐가 있소
당신과 나의 삶이란 꽃잎이 지면 열매가 맺어져서
새빨갛게 익어 가는 삶들의 행복이겠지

잊은 것도 아니라니까

버리려 버린 것이 아니고 잊으려 잊은 것이 아닌데

흘러가는 강물이라 착각들 마라 주오

마음속에 새빨갛게 물들고 가슴속 차곡차곡 쌓는

사랑이란 아직 시작조차도 못했는데

누가 차돌 같은 이 속마음 깨부수려고 애들 쓰는지

버린 것도 아니요 잊은 것도 아니라니까

인생 무사 안일이구나

신나는 노래 한 곡 불러봐 찌그러진 인상도 펴지고

답답한 가슴속 다림질하듯 펴지겠지

시들어진 마음에다 양손 턱 고이고들 고민하지 마

옆방 하숙생이 들려주는 기타 소리에

속마음은 울렁울렁 팔다리는 흔들흔들 춤추는데

신나는 노래 한 곡이 인생 무사 안일이구나

나 태어나 붙잡지 못한 사람

나 태어나 처음 만났던 그 사람인데도

토라져 돌아선 사람 하나 붙잡지 못한 게 후회되고

별것도 아닌데도 토닥토닥 다투고나

자존심 지키려고 고집부렸던 게 마지막일 줄이야

속삭이던 고운 목소리 밤엔 귓전 울려

언젠간 잊혀지겠지 태어나서 붙잡지 못한 그 사람

이리는 못 살겠소

내 마음만 살랑살랑 흔들어 놓고 어디서 뭐하는지

애타게 기다려도 밤낮 세월만 흘러가

가슴속 멍들어 놓고 안개이듯 사라져 버린 그대여

못 오겠다고 잊으라시면 누가 뭐라나

양다리면 체념이나 하지 왜 오리무중에 나난 뭐요

이리는 못 살겠소 차라리 이별을 주오

그 누가 등 떠밀었소

홀쩍훌쩍 눈물 콧물도 삼켜 가며 떠나가던 사람아

마음만은 잊지 마 그리움도 잊지 마오

이별의 발자국을 허둥지둥 내디디던 사람이시여

그 누가 모질게 가라했소 등 떠밀었소

동트면 아침 햇살에 이슬이듯이 사라진 사람이여

그 누가 가라했소 그 누가 등 떠밀었소

지게미 사랑 만들 수 없지

화산처럼 솟아오르는 요놈의 사랑 천사와 나듯이

언제까지 요리도 나눌 사랑 있을라나

신선한 천사 인연에 지게미 사랑 만들 수는 없잖아

오로라와 쏙 빼닮은 신비스런 여인아

파도처럼 덮쳐 오는 요놈의 사랑은 그 천사와 나의

오묘한 인연을 지게미 사랑 만들 수 없지

빈 가슴속도 열렸는데

저번엔 얼굴 빤히 뚫어져라 훔쳐보고 지나치기에

뭣인가 일어나랴 기대까지 했었는데

오늘은 어깨 툭 부딪치며 시비 걸듯이 스쳐 간 사람

의도적인 외침인가 가시적 행위인가

속마음이 끌리는데 솔직히 고백하면 누가 뭐라나

외로운 마음속에 빈 가슴속도 열렸는데

난 당신 한 사람뿐인데

가까이 더 가까이서 다가서려도 멀어져만 가는데

당신을 미워하고 한동안 야속했지만

한쪽에만 치우치다 보니 가슴속에 깊이도 담았지

노을 속 석양은 아침이면 다시 뜨는데

당신이 없는 세상이라면 살 의미들이 뭐가 있겠소

눈 감으나 뜨나 난 당신 한 사람뿐인걸

다 같은 사랑 등신이여

등신 인생은 살지 말자고 등신 사랑은 하지 말자고

새끼손가락 걸어가면서 맹서해 놓고

여지 지내 온 너도 등신 나도 등신 다 같은 등신들아

사랑 고파도 고프단 표현조차 못하는

세 번 참으면 세상만사들 편하다는 걸 믿고 살아온

너도 등신 나도 등신 다 같은 사랑 등신이여

편리한 게 남잔가요

당신은 헤어져도 남자라서 미련하나 없으시려나

여자 여잔 헤어지면 가슴속이 쓰린데

당신이 떠나면서 눈물 방울 하나 흘린 적 없었지만

여자란 이별에 코 눈물도 훌쩍여져요

여자 사랑은 일평생 가슴속에 떠나지 않는다는데

편리한 게 남잔가요 무심한 게 남잔가요

이만한 남자가 또 있냐고

너 넌 아무리 큰소리쳐도 나랑 같이할 운명인 거야

하늘이 무너져도 함께할 팔자이잖아

나난 아무리 떠나려도 너의 곁 벗어나지 못하는데

토닥토닥 다퉈도 사랑은 익어 가니까

도망쳐 봤자 헤어져 봤자 끈끈이 정인데 어쩌라고

세상 어디 가면 이만한 남자가 또 있냐고

안기고 싶은 마음인데

두 눈에 눈물이 앞가리고 서러움들이 길을 막아도

미래 태양이 뜬다면 그 길을 택하리라

슬픔도 참았고 고통들도 겪었고 외로움 견뎠는데

인간 한계냐 아니면 사랑 역부족이냐

외길인데 가는 길을 물어봐도 모두 다 모른다는데

주변들 둘러봐도 안기고 싶은 이 마음인데

바람이면 스쳐나가지

오는 말들이 고와야 가는 말꼬리조차도 곱다는데

너 넌 날 보면 먼 산 보듯이 왜 그러는데

내 어이 아무리 너를 좋아해도 웃어 줄 수 있겠느냐

태양이 저물지 않는데 깊은 밤이 없듯

넌 눈길도 주지 않는데 내 어이 매달릴 수가 있냐고

구름이면 넘어가고 바람이면 스쳐나가지

너 떠나도 내버려두려고 해

너 떠난다고 너 떠난다고 붙잡을 거라 착각 마시라

그 고집 일방통행에 나난 지쳐 버렸어

너 마음 진심 어이 믿겠느냐 죽 끓듯이 끓어 대는데

약속 안 지켜 거짓말뿐인 너 행실인데

널 믿다가 믿었다가 낙동강 오리알 되면 난 어떡해

너 떠나도 너 떠나도 내버려두려고 해

인생살이 뭐 별거라고

속마음쯤 나누다 보면 인연의 짝마저 찾아와지고

사랑을 나누다 보면 아들딸도 낳잖아

서로가 알뜰살뜰 챙기다보면 정들어 살아가는데

인생이 뭐 별거더냐 속안 섞이면 되지

사랑에 취하면 깨소금이듯 달콤하게 살아가야지

인생살이 뭐 별거라고 웃으며 살아가야지

외길만 걸어왔는데

유혹이 덮쳐 오고 파도이듯 밀려와도 당신 때문에

한눈팔며 눈길조차 흘린 적이 없는데

당신 이제와 싫다하면 나난 어떡해요 어떡하라고

소낙비라면 지나가기만 바라지만은

헤어지자는 당신 그 한마디에 눈앞이 캄캄해져요

당신 사랑 하나 때문에 외길만 걸어왔는데

양 수리의 여인아

그대 그대는 남 아리수고 나난 나는야 북 아리수지

양 수리에 만난 인연 생생한 사연인데

지긋이 눈감으며 앵두 입술 살며시 내주던 그녀의

그 달콤한 그 입술이 또다시 그리워져

사랑 안고 정을 덮고 천 년 만 년을 살자던 내 여인아

남 아리수 북 아리수 양 수리의 여인아

가슴속에 새긴 그 사람을

눈물을 삼키면서 속가슴에 묻어 둔 한마디 못하고

보내야 하는 이 가슴속이 문드러져도

헝클어지는 인생이나요 멀어져 가는 추억이나요

아니 아니면 숙성돼 가는 인생이나요

세월들이 날 버려두고 온 세상들이 다 변하드래도

가슴속에 새긴 그 사람을 잊지 못하네

가더라도 정만은 두고 가소

두고 가소 두고 가소 가더라도 정만은 두고들 가소

시답잖게 살아도 끈끈했던 정이잖소

눈빛을 보면 하루 알고 행동 보면 이틀쯤 다 아는데

변치를 마요 옛날 그 마음 변치를 마요

어디 가면 따스한 양지뿐이고 음지라고 없을까요

가실 때는 가더라도 정만은 두고 가소

웃어 가며 살자고요

사랑이란 추울 때 걸쳤다 덥다고 벗는 외투가 아냐

추우나 더우나 밤낮 걸쳐야 사랑이지

사랑이란 좋으면 웃어 주고 싫다 찡그리면 쓰나요

인생살이 살다 보면 싫을 때도 있잖아

세상사 뭐 별거 있다고 인생사 뭐 별수가 있냐고요

좋아도 웃고 싫어도 웃어 가며 살자고요

내게 머물러 주오

당신은 서쪽 하늘 둥실 두둥실 떠가는 구름이드냐

마음속에 그리움만 쌓고 떠나다니요

살랑살랑 불어와 이내 가슴속을 헤집은 바람이나

밤잠도 설쳐 가며 뜬눈으로 새우게 해

구름을 닮은 인연에다 바람과도 닮은 사랑이라면

떠나지도 스치지도 말고 내게 머물러 주오

속가슴 쳐가며 울고 싶소

개나리 진달래 꽃피면 봄나들이 가자던 그대인데

개구락지 알 낳으면 올챙이 됐는데

무슨 몹쓸 사연들이 많아 손 편지도 하나가 없나요

단풍잎 벼 이삭도 고개 숙인 가을인데

천고마비 계절 허구한 날 긴긴밤 베개 안고 살라고

왜 이리 서러운지 속가슴 쳐가며 울고 싶소

한땐 사랑한다며 기웃대다가 떠나 버린 사람인데

그렇지만 어떤 땐 그리움이 돋아나

좋단 말마저 감추고 그윽한 향기도 감추고 떠나던

무뚝뚝한 그 남자 머릿속에 맴도는지

잊어야 한다지만 접어야 한다지만 이내 가슴속엔

아직도 그 사람 흔적들이 남았는가 봐

사랑이 영원히 잠들 때까지

저 높고도 아름다운 저 산봉우리마저 없었더라면

울창한 숲속 저 맑은 계곡도 없었겠지

내 생애에 해맑고도 조신한 당신마저 없었더라면

이 세상살이란 고역이 아닐까도 싶소

시작도 끝도 없는 인생살이가 너와 나 사랑이잖소

당신과 나 사랑이 영원히 잠들 때까지

상사몽의 여인아

오늘 밤 그 사람의 석조 벽도 뚫고 들어올 기분에다

상상의 꿈을 달콤하게 꾸는 여인이여

새벽녘은 다가오는데 가슴속에 담으려는 상사몽

허무하게 깨어나니 이마엔 식은땀이

이룰 수 없다면 같이할 수 없다면 인연이라더냐

밤이면 가슴속 쥐어짜는 상사몽의 여인아

백 년 사자고 왜 했소

구름이듯 떠가는 사람 바람이듯 스친 사람아

부둥켜안고 영혼까지 들먹이며 백 년 사자고 해 놓고

까마귀 고기 삶아 먹었나 벌써 잊어버렸나

시들어 가는 꽃잎들 닮아 가나 시답잖은 사람아

계절 따라 변하려면 철석 같은 약속들은 왜 했는데

영혼까지 들먹이며 백 년 사자고 왜 했소

봄바람이듯 야속한 사람

당신은 야속한 사람 하늘 아래 당신은 기이한 사람

사랑도 짓밟고 정마저 팽개친 사람아

한땐 네 없는 세상이란 상상할 수 없다고 하더니만

술에 취해 한 말이냐 장난질 한 말이냐

왔다가는 계절 따라 머무른 봄나들이 사랑이더냐

당신은 무정한 사람 봄바람이듯 야속한 사람

밤안개도 서서히 흩어져 가네

강물에 떠내려가는 머무를 곳도 없는 저 낙엽처럼

젊음마저 속절없이 세월에 떠내려가

언제 한번 사랑 웅덩이에 풍덩 빠지고 싶었던 마음

모르는지 누구 하나 거들떠보지 않아

요란하게 오색등 내뿜던 네온도 잠이든 새벽녘에

시뿌연 밤안개도 서서히 흩어져 가네

사랑 벨소리 그 소리

울려 울려요 사랑 벨소리 시도 때도 없이 울려 대요

낮에만 울리면 좋게 밤중 새벽도 울려

아침에 울려 사랑 벨소린 시도 때도 없이 울리는데

제아무리 요란히 울려대도 지겹잖아

기다려지는 걸요 뭐 잠시만 안 울려도 미치는 마음

사랑 벨소리 그 소리 내 인생의 삶인걸요 뭐

닫은 마음 열려고 애쓰지 마요

그대 인연과 아무 상관도 없는 사람을 붙잡아 놓고

사랑 설파인지 전도사인지는 몰라도

구부러진 이 내 마음 펴 보려고 애쓰지는 마시오서

무쇠라도 녹일 만큼 뜨겁게 달궈져도

사랑 문은 열리지 않아 마음의 문이 닫혀만 가는데

애써 가며 닫은 마음 열려고 애쓰지 마요

구름 인생인 것을

세상살이 살아가는데 양지 길들만이 있었겠느냐

어둠 컴컴한 밤중에 궂은 날도 있었지

인생살이 헤쳐 가다 보면 만났다 헤어지기도 하지

바람 불면 나뭇가지 잎들이 흔들리듯

남과 남이 만났는데 시련에다 기쁨들도 있다지만

바람 따라서 떠밀려 가는 구름 인생인 것을

그대와 나 인간 몽우리

그대 만날 때는 비에 젖어 시들어진 꽃잎이었는데

한 번 두 번을 자꾸자꾸 만나다 보니까

생기가 돌아 난 아침이슬 먹고 피어난 야생화더라

꼬집히고 눈 흘겨도 미소 철철 넘쳐나

이젠 그대와 나 인간 몽우리 몽실몽실 피워 가면서

입가에 웃음꽃 하늘하늘 피워 나잖아

물안개이듯 몰래 사라지다니요

긴 세월에 허전한 마음속에 한 사람을 새겨 뒀는데

온다 간다는 한마디 말없이 떠난 사람아

갈 땐 가더라도 인사말이나 한마디를 건네고 가지

잡을까 봐 그랬느냐 막을까 봐 그랬느냐

허구한 날들 남몰래 가슴속에 깊숙이도 묻었건만

새벽 물안개이듯 몰래 사라지다니요

당신 하나 생각뿐인데

가까이 가까이 다가서려도 멀어지는 당신이기에

한때는 미워지고 원망까지도 했지만

너무나 너무나 좋아하다 보니 마음속에 담았는데

노을이던 당신 아침 해로 다시 뜨려나

당신이 없는 인생이라면 살아야 할 의미들이 없지

눈을 감으나 뜨나 당신 하나 생각뿐인데

그대만 바라보고파

가을만이라도 해바라기처럼 그대만 바라본다면

그리움 담아다 가슴속에 깊이 묻고파

마음 열고 가슴속 빌려준다면 폭풍우가 몰아쳐도

드넓은 그대 가슴팍에 기대 살고파져

태양이던 뜨거운 사랑이 사그라져서 없어진대도

일편단심 해바라기로 그대만 바라보고파

때늦은 인생이니까

너의 앞길만 펼쳐져 있고 내 앞길은 막힌 줄 아느냐

그것은 오해와 너 고집의 착각이니까

너만의 생각이 옳았고 나의 생각이 틀린 건 오해야

그것은 너 생각에 너만의 고집인 거야

오만이 허물어지면 얼마나 황당한지 알게 될 거야

그땐 후회해도 이미 때늦은 인생이니까

이 마음속 그대는 알까

보고 싶은 한 사람 좋아하는 그 한 사람 그리워하며

자욱한 안개 속 헤매는 맘을 그댄 알까

스쳐만 지나가도 설레어지며 가슴속이 철렁해져

말 한마디 못해도 가슴속은 콩닥콩닥

그리운 그 사람을 좋아하는 한 사람을 못 잊어 하며

남몰래 지켜보는 마음 이 마음속 그대는 알까

오색 무지개 뜰 날 오겠지

나는 나대로 걸어온 길이 한 번이 없어

허구한 날 세월에 떠밀려서 살아온 이 내 삶이지 뭐

흘러간 추억 한탄 말고 각박한 세상 원망 말자 해도

한밤 지새다 보면 아침 해 떠오르듯

소낙비가 퍼붓다가 개이고 나면 무지개가 뜨듯이

이내 삶 속에도 오색 무지개 뜰 날 오겠지

고요한 밤들이면 왜 이리도 생각날까
자꾸 자꾸만 잠시 스쳐 간 사람 중 한 사람일뿐인데
들쳐 낼수록 자존심 상하는 그때 그 사람뿐인데
눈 감아도 내 옆에 앉아 있는 기분이고
꿈속을 헤매면서 소리쳐 불러 보는 그대의 이름들
언제쯤에나 내게로 다가와 웃어 주려나

그 옛날이 부러워져요

나 어릴 적 선생님 말씀들은 국법인 줄로 알았는데
세상 변해 학부모가 선생님 멱살 잡고
월급날 애 업고 버스정류장 기다린 마나님들마저
통장 월급 찍히니 오든 가든 관심 없고
어쩌다 실수 한 번에 가방 끌고 쫓겨날 신세라니까
한평생을 대접받던 그 옛날이 부러워져요

너 꺼 내 꺼가 어딨어

우리 사이에 너 꺼다 내 꺼다 어딨어 맘 맞으면 되지

슬픔들도 나누고 기쁨도 나누는 거지

토닥토닥 다투다가 심술보가 터질 때도 있는 거지

그 사랑 아꼈다 삶아 먹나 구워 먹느냐

울다가 좋아하고 웃다가 싫어진 당신 여보 사이지

당신 여보 사이에 너 꺼 내 꺼가 어딨어

당신에 젖은 사랑 굴레 속

낡아빠진 세월들 속에도 바래 버린 세상들 속에도

훌쩍 떠나 버린 그 추억들 잊지 못하네

찢긴 옷이면 꿰매고 때 묻었으면 세탁해서 입는데

밤이면 꼭 껴안고 잠드는 사랑 굴레 속

마음속에 떠나지 않아 가슴속에 담았던 소원들아

뼛속까지 스며든 당신에 젖은 사랑 굴레 속

이별로 사랑 퉁 치지 마소

나 그대를 보내려니 눈물이 나면서 눈앞이 캄캄해
떠난다는 한마디 들었을 때 난 멍했지
십 년을 하루같이 그리워하며 잊은 적이 없었는데
물안개 사라지듯 이별로 사랑 퉁 치나
시려오는 옆구리에 마음 허전 가슴속 텅 비었는데
그대 제발 그대여 이별로 사랑 퉁 치지 마소

말해 주면 어때서

너만 기다리다가 내 청춘 이대로 멈출 순 없잖느냐
오고 가는 것이 너 마음이면 난 어떡해
기다림도 지루하지만 사랑 보장 하나가 없는 거잖아
차라리 못 온다면 포기하고나 살지요
너만을 기다리다가 지쳐서 내 인생은 이게 뭐냐고
잊으라든지 못 온다든지 말해 주면 어때서

까이꺼 웃고나 살자

한세월을 살아오면서 얻은 것 잃은 것도 많다지만

그래도 당신과 나 행복 하나는 남잖소

게인 날에 비 온 날도 눈 오는 날도 가끔들 있다지만

아들딸 낳아 가며 오늘날 웃고 살잖소

인생사 얼마 남았다고 티격태격 다투며 살아가나

길어봤자 백 년 인생인데 까이꺼 웃고나 살자

분명 내 것인데 놓칠세라

좋아하면서도 뻣뻣이 스쳐 지나가는 얄미운 사람

버텨 봤자 언젠간 걸려들 때가 있겠지

눈인사라도 살며시 건네주고 지나가기 바랐는데

어쩌면 앙큼하게 능청 떠는지 몰라요

다음에는 에누리 없다 마주치면 먼저 말 걸어야지

내 것인데 놓칠세라 분명 내 것인데 놓칠세라

헝클어진 마음 허공에 뿌리며

헤어지자는 말 한마디 툭 내뱉어 놓고

돌아서 가는 그 사람 한 번쯤 뒤돌아볼 줄 믿었는데

살짝이라도 뒤돌아볼 줄만 알았는데

쏜살같이 사라져 멍멍한 마음속 울컥대는 가슴속

후둘 거린 발길에 식어 버린 눈물자국

헝클어진 마음 허공에 뿌리며 돌아선 여인 가슴속

날 버릴 속물이더냐

추억들은 말하지 않겠어요 할 말들이 많았는데도

꼭꼭 감추고 가슴속에 묻어 두고 싶소

가냘프게 파고들던 그대의 목소리가 귓전 울려도

지긋이 눈감고 그대 마음 받아 주려도

스쳐 가는 바람이냐 머물지도 못하는 구름이드냐

오직 오직 그 한사람은 날 버릴 속물이더냐

그 사랑 꿰차기가 쉽다고 했나

뜨거운 느낌 하나가 없으면 사랑이라 말할 수 없지

미지근하게 사랑할 거면 안 하고 말지

그리움의 마음조차 없다면 연애할 생각 접어야지

널린 게 사랑이라도 꿰차야 사랑이지

마음 가슴 뜨겁게 데워야 사랑인데 사랑 꿰차기가

누가 그 누가 사랑 꿰차기가 쉽다고 했나

봉황새 보자기에

내가 당신을 떠나보내고 나면 언젠가는 잊겠지만

하루 이틀에 쉽게는 잊어지진 않겠지

당신을 좋아하며 쌓아 두었던 끈끈이들 정 어쩌나

가져가지도 못할 정 두고 왜 가려는데

가져간다면 봉황새 보자기에 꼭꼭 싸서 가져야지

놓고 가든 들고 가든 당신과 나 정 아니야

인사는 받아 줘야지

네가 좋아 달려왔는데 네가 그리워서 찾아왔는데

눈빛마저 외면하시면 난 나는 어떡해

파도 속에 하얀 포말에 온몸을 적시듯 보고팠는데

넌 어이 파도에 떠밀리는 포말이더냐

지난 추억들 생각하면 과거 사랑들이 떠오르던데

제아무리 서운하대도 인사는 받아 줘야지

그 입술이 덫인지 몰랐다

긴 세월을 당신 감싸고 살면서 약속 한 번 어겼느냐

이별주 건네주는 당신이 야속하기만

금이야 옥이야 해바라기 인생 길로만 걸어왔는데

어쩌다 발 한 번 헛디뎌서 실수한건데

그럴 줄 알았다느니 진즉에 알아봤어야 한다는 둥

방관자인 당신의 그 입술이 덫인지 몰랐다

생각들이 짧았든가

한세상 잘 살아 보겠다고 한평생 행복해 보겠다고

갖은 고생 겪으며 아옹다옹 살았는데

세상은 녹록지가 않아 마음대로 되는 일들이 없어

요놈의 인생살이 조상님 잘못 모셨나

요리조리 생각해도 아무리 생각해도 이해 안가네

노력들이 부족이던가 생각들이 짧았든가

찰랑 말랑한 사랑이 최고야

사랑은 모자라도 안 되고 넘쳐나도 안 된다는데

언제나 찰랑 말랑 해야만 좋다 하니까

고집은 금물이라 안 좋고 인내도 오래 참지 마라

차가우면 데워 주고 뜨거우면 식혀라

사랑 무리해도 안 되고 쉬다 보면 멀어져 간다네

사랑은 언제나 찰랑 말랑한 사랑이 최고야

여로의 운명 길

부글부글 끓어오르는 마음 하나 붙잡아 줄 사람

누가 없나요 잡아 준다면 따라가겠소

가느다란 마음 하나 휘어지다 부러질 지경인데

체한 가슴 등짝 두들겨 줄 사람도 없나

뭐 하나 되는 게 없고 걸어온 발길에 서러움 가득

운명이더냐 팔자이더냐 여로의 운명 길

내가 꼭 챙겨야 할 사람인데

당신은 왜 속마음이 들킨 것처럼 멍하니 서 있는데

저 사람 왜 저러는지 미심쩍은 생각에

어쩌면 당신이 멍 때린 사람처럼 정신 줄을 놓을 때는

이내 가슴속은 무너져서 내려 버려요

내가 꼭 챙겨야 할 사람인데 내가 사랑할 사람인데

신경 써 가며 내가 꼭 챙겨야 할 사람인데

내팽개쳐진 이 내 마음을

죽어도 좋다 하더니 말없이 떠나 버린 그 사람이여

뭐 그리 서운해 말 없이도 떠나 버렸어

하루만 못 봐도 미치겠다더니 이렇게 떠나가려고

한밤을 지새워도 모자란다고 했냐고

좋았다던 말도 거짓말 사랑한단 말도 거짓말이야

남들은 아무도 몰라 내팽개쳐진 이 내 마음을

모두 다 행복인데

남의 마음에 즐거움 주면 내 마음마저 즐거워져요

웃고 웃다 보면 인생의 삶들도 빛나고

남의 가슴에 못 박으면 내 가슴에도 대못이 박혀져

배려하는 사람이 배려도 받고 살지요

콩 하나도 쪼개서 나눠 먹으면 행복들 공유이련만

내 즐거움에 남의 즐거움도 모두 다 행복인데

애물단지인 그 정이

날 버리고 떠나간 애물단지 그런 정이 뭐가 좋다고

밤이면 밤마다 눈물로만 지새워야 해

떠난 그 님 밉다가도 밤이면 새록새록 생각나는지

잊어야 한다기에 묻어야만 한다기에

남들은 싫다는데 애물단지인 그 정이 그리워지나

이 한밤도 외로워서 눈물로 지새워야 해

마음먹기에 달렸지

외롭고 시린 마음속 따스한 온정으로 데워 줘야지

두통 치통에 소화제 먹으면 되겠냐고

쓰리고 답답한 가슴속을 훌훌 털고 나 크게 웃어 봐

스트레스 해소 새벽공기 마신 기분이지

시린 마음에 답답한 가슴속 데워지면 행복이겠지

인생살이 뭐 별거더냐 마음먹기에 달렸지

삼각지 속 추억이여

어스름이 깔려지는 삼각지역에 내리면 장엄한 길

대통령실 옆구리에 맛집들 찾으려고

벌 떼처럼 모여 드는 청춘거리 네온들이 비틀대고

친구와 뒤엉켜 맛 집골목 헤매던 길목

추억 속의 삼각지 길목 길 구걸하던 사랑 테마거리

사랑을 찾으려 헤매던 삼각지 속 추억이여

가슴속도 다 들켰는데

길들이 훤하게 다 보이는데 왜 내게 갈 길을 묻소

솔직하게 터놓고 말하면 누가 뭐라나

좋아한다고 눈빛에 다 묻어 있는데 왜 감추려고 해

속마음이 들켰잖느냐 난 다 보이는데

솔직하게 고백들 쏟아 놓는다고 그 누가 뭐라느냐

그대의 마음속도 가슴속도 다 들켰는데

요거 참 미쳐 가네

나난 그대만 보면 마음만 울렁울렁하는 게 아니야

아무리 감추려도 가슴마저 덜컹거려

사랑 시작도 못했는데 솔직하게 말 한 번 못했는데

안 되는데 어떡해 가슴 조일 때가 많아

고백도 못하고 마음 울렁울렁 가슴마저 덜컹거려

요거 참 미쳐 가네 말 한마디 못해 봤는데

전화도 꺼 놓고 안 받아

그녀가 끓여 주는 따끈한 커피 한 잔에 난 마음속을

녹여 가며 가슴속에 깊게도 담았는데

그녀는 뭐 그리도 바쁘고 뭐 그리도 시간도 없는지

문자 해도 읽지를 않고서 묻어 두는지

한때는 배시시 웃으며 사귀자고 재촉까지 하더니

뭐가 틀어져서 전화도 꺼 놓고 안 받아

잊어야 하나 버려야 하나

한들한들 불어오는 봄바람에 님 소식 묻어 오려나

봄 아지랑이에 꽃잎마저 활짝 피는데

가느다란 봄비에도 새싹들 고개 들고만 치미는데

눈가에 이슬이 고여져도 소식이 없어

봄바람에 물어보고 보슬보슬 봄비에게 물어봐도

대꾸조차 없으니 잊어야 하나 버려야 하나

내 마음속을 어찌 알라나

그대 눈빛을 보면 언젠가 내 마음속 녹여 줄 상인데

그 눈빛 속마음 속가슴마저 허물어져

마주치면 가슴속이 콩닥대니까 날 데려갈 상인데

들이대는 그 미소에 마음속은 묵사발

걸어가는 뒤 바라봐도 죽어도 따라가고픈 상이니

그대가 이러는 내 마음속을 어찌 알라나

늘 비켜 가는 당신 눈빛이

나 당신을 제아무리 좋아한다고 한들
당신이 몰라주면 아무 소용 없다는 걸 나는 알지만
그래도 눈빛 한 번만을 더 마주치려고
기웃대보지만 비켜 가는 당신 눈빛 야속할 뿐인데
포기할까 망설이다 또다시 당신 찾아도
늘 비켜 가는 당신 눈빛이 야속하기만 해지는 구려

수렁 속이라도 따라가리다

너 어젯밤 내게 일평생을 책임진다했지 믿어도 돼
책임진다는 말이 꿈속에 들려오던데
너와 나의 영원한 해바라기 사랑이 큰 꿈이었잖아
아침에 일어나 보니 창밖엔 해가 중천
너의 영영 날 사랑한단 말 진짜 믿어도 돼 확실하지
너만 나 좋다면 수렁 속이라도 따라가리다

저 뜨거운 태양처럼

나난 정의 위해 살아왔다 욕먹으며 살기 싫었다고

굽실거리며 사는 게 죽기보다 싫었다

사내라는 이유 하나 때문에 바른길을 걸으려 했다

물레방아처럼 둥글둥글 살기는 싫어

의리 하나 위해 살아오며 불의를 보면 못 참았는데

저 뜨거운 태양처럼 세상 뜨겁게 살고파

사나이의 젖은 눈물이여

믿고 믿었던 사랑 배신 두들겨 맞고나

멍하니 정신없이 소리쳐 울어도 눈물이 안 나오니

얼마나 억울하고 서운했으면 마른 눈물일까

서러움들 가슴속 삼키며 돌아선 사나이 발길에는

내일도 붉은 태양은 뜬다고 중얼대며

마른 눈 비벼 가며 돌아선 사나이의 젖은 눈물이여

그 사랑 아껴 뭐 하게

당신은 없는 것도 모자란 것도 아닌 넉넉한데도
아까워서 못 주느냐 싫어서 안 주느냐고
저축할 것도 아닌데 아껴서 뭐에 쓰는 사랑이냐
없으면 만들고 있으면 나눠야 사랑이지
모아 뒀다가 뭐하게 아껴 뒀다 뭐 하는 사랑이냐
돋아나는 사랑인데도 그 사랑 아껴 뭐 하게

무지개 타고 올 여인이여

하늘에서 무지개 타고 내려올 것만 같았던 여인아
기다린 사내 입안이 바싹바싹 타는데
무슨 사연에 늦은지 말 못 할 사연들이 생겨서인가
이왕에 늦었는데 하루 이틀 못 참겠소
그래도 하루해가 수년 같은 이내 마음 좀 알아 줘요
무지개 타고 올 여인이여 나의 마음속 여인이여

당신 마음이 나인데 뭘요

당신과 만남이 저물어 가는 저녁노을만 같아도

늘 마음속은 겉으론 그 누가가 뭐라도

우연이 아니고 인연이라지만 운명이라 생각해

하늘이 높고 바다만 깊은 게 아니잖아

당신의 마음속은 하늘보다 높고 바다보다 깊어

내 마음 당신이고 당신 마음이 나인데 뭘요

지금도 오마 조마해

말 한마디 못해 보고 멀어져 간 운명 속에 첫사랑아

마음속 간직하고 가슴속에 담았는데

추억에 묻어 두고 영혼에 새겨 두었던 첫사랑이여

행여나 깨질까 봐 내색조차 못했는데

바라만 봐도 좋았고 지켜만 봐도 즐거웠던 사랑아

그 꿈들이 깨질까 봐 지금도 오마 조마해

설익은 인연 평생 고생

돌고 돈다고 돈이라더니 사랑마저도 돌고 도는지

해바라기 사랑 돈 바라기 사랑 있어도

있다가 없는 돈이라더니 사랑마저도 닮아 가더라

돈 없어 버려지는 사랑이면 난 어떡해

인생 망친 돈이라더니 사랑마저 망친 돈이라더냐

설익은 밥 한 끼 고생 설익은 인연 평생 고생

당신과 나 운명인데 어쩌게요

당신과 나 여기까지 좋은 것만이 아냐 운명인 거야

헤어지려고 수없이 마음도 먹었지만

십분 못가 허물어지며 허공으로 날아가 버리니까

작심십분도 못가니 더는 생각 말자고

당신과 나난 부정할 수 없는 운명인데 어쩌겠나요

미우나 고우나 당신과 난 운명인데 어쩌게요

매달릴 때 받아 줄걸

바람에 흔들리는 갈대처럼 이 마음도 흔들렸지만

멀어져간 인연인데 기다려서 뭐 하게

가뭄에 말라붙은 이끼처럼 가슴속에 말라붙어도

놓쳐 버린 사랑인데 후회하면 뭐 하나

짝을 잃은 철새처럼 기다리는 외로운 처지든가요

이럴 줄 알았더라면 매달릴 때 받아 줄걸

눈물 강인데 건너야 하냐고

세월 따라 살다가 보니 한없고 끝없이 가나 마나 해

어디까지 가야만 하나 고민하게 되고

사랑 따라 가다 보니 웃음만이 있느냐 눈물도 있지

후회하면 뭐 해 어차피 엎질러진 물

주워 담지도 못할 눈물도 있다지만 이왕 가는 길에

가나 마나 한 눈물 강인데 건너야 하냐고

날 좋다는데 어떡해

어깨 툭 치는데 어떡해요 옆구리 꼬집는데 어떡해

백마 탄 왕자인데 내친다고 대수냐고

벌 나비 앉는데 어떡해요 뒤에서 껴안는데 어떡해

참는 데도 한계지 목석 여자도 아닌데

뽀뽀해 주는데 어떡해요 죽도록 좋다는데 어떡해

버틴다고 대수냐고 날 좋다는데 어떡해

그대의 품속 그리움도 알았지

안개가 자욱한 호수처럼 포근한 그대의 품속에

안기고 나고부터 그대 그리움 알았고

옆에 있을 때는 같이 있을 땐 소중한 줄 몰랐는데

떠나고 난 뒤에 그대의 소중함 알았지

후회해도 소용없는 걸 뉘우쳐도 부질없다는 걸

알고 나서야 그대의 품속 그리움도 알았지

내 가슴속에다 품어야지

무슨 말로서 어떻게 그대 마음 사로잡을 수 있을까

사랑 그물로 잡아 볼까 덫으로 잡을까

아냐 아니야 꿀처럼 달콤한 유혹으로 붙잡아야지

그래도 안 넘어가면 어떻게 해야 하지

뭣으로 어떻게 그대 가슴속 설레게 해 줄 수 있을까

마음 사로잡고 나 내 가슴속에다 품어야지

꿈나라 사랑 설계사여

너만을 마음속에 둔지가 며칠 걸릴지 몇달 걸릴지

설렌 마음속 답답한 가슴속 헤아려 줘

오늘은 고백해 볼까 내일은 매달려 볼까 생각다가

자정을 넘어 잠이든 꿈 사랑 설계사여

너만을 가슴속에 품고 나 기다린 세월 길기만 해도

가슴속에 품어 보는 꿈나라 사랑 설계사여

가슴속은 덜 쓰렸겠지

보내기 싫었는데 너 너만은 보내기가 싫었는데

너와 나 인연이 아니란 걸 알고 나

허망하고 괴로워 너 없으면 못 살 것만 같아서

포기하기엔 가슴속 너무 쓰렸지만

이룰 수 없는 인연인데 맺을 수 없는 사연인데

일찌감치 잊었으면 가슴속은 덜 쓰렸겠지

책임지던지 이게 뭐냐고

그댄 마음만 적셔놓고 훌쩍 떠나면 난 어떡하라고

나난 뭐 닭 쫓던 개 지붕 쳐다보기냐고

잔잔한 속가슴에 불질러 놓고 모른척하면 어떡해

널 기다리다 마는 낙동강 오리알이냐

마음속 가슴속 데웠으면 책임져야 끝까지 가잖아

내다 버리던지 책임지던지 이게 뭐냐고

내게 올 거니 말 거니

널 보면 부끄러워 말은 못 해도 바라본 눈빛만은

널 녹여 주고 싶은 마음속 늘 뜨거워

내 눈엔 너 모두가 뽀얗고 마음도 하얗게 보여요

내 예감이 여지껏 틀린 적 없었는데

마음 약해도 가슴만은 누구보다도 더 뜨거운데

내게 올 거니 말 거니 솔직히 말을 해봐

내겐 영희가 있는데

첨 보는 순간 마음이 흔들려 가슴속 뭉클했는데

왜 그랬을까 내겐 영희가 있는데도

그땐 아마도 실성했나 봐 눈에 헛것이 보였나 봐

마음도 멍멍 가슴도 멍멍 뻥 갔었지

널 첨 보는 순간 일탈이 뭔지 머릿속을 스쳤지만

아차차 깜빡했다고 내겐 영희가 있는데

트집마저 일품이드라

안 되면 되게 하는 게 사랑이고 만들면 사랑이지

왜 고민해 누군 사랑 안고 태어났느냐

없으면 만들면 되고요 있으면 관리나 잘해야지

이왕 얻은 사랑인데 잃지 말아야지

높은 하늘 바라보다 무지개 바라보다 놓치는데

사랑이란 심술보에 트집마저 일품이드라

부뚜막 귀뚜라미도 짝 찾아 우는데

부뚜막 귀뚜라미도 벽장에 귀뚜라미도 밤이면

뀌뜨르 뀌뜨르 짝을 찾아 노래하는데

내 님은 어디에 그 사람 어디에 꿈에도 안 보여요

보고도 싶고 손 한 번만 잡고도 싶은데

별빛 반짝이고 밤은 깊어만 가는데 허전한 마음

어떡해 부뚜막 귀뚜라미도 짝 찾아 우는데

한 사람 붙잡기가 요리 힘든 줄

나난 그대가 원하신다면 뭐든지 다 할 수 있어요

이내 목숨이 붙어 있는 그날까지요

하늘만큼 사랑하오니 싫다는 말만 하지 마세여

멀고도 가까운 사랑이라들 하지만

좋아한 사람 가슴속에 담아 두기 요리도 어렵나

한 사람 붙잡기가 요리 힘든 줄 몰랐는데

헝클어진 삶 미소로 지키리라

젖어 가는 세상일지라도 헝클어진 인생일지라도

햇볕 쨍하며 헝클어진 실타래 풀리지

가슴만 치는 원망보다 웃어 가며 살려고만 하는데

남들이 키득거리며 비웃고 빈정대도

양지바른 세상들 살아 보려 후덕한 삶들 지키려고

젖은 세상 헝클어진 삶 미소로 지키리라

왜 야단들이지

이 한 몸에 마음도 가만 있는데 남들이 왜 야단들
남들이 뭘 얼마나 안다고 그러는지
있어도 내가 있고 떠나도 내가 떠나는 거라니까
남의 속도 모르면서 보고만 있던지
입술 간지러워도 남 애기 함부로 하면 안 되는데
날 알면 얼마나 안다고 왜 야단들이지

꽃잎 인생살이 시들어져 가누나

인생은 아름답게 피었다 시들어지는 꽃잎인데
하하 호호 웃다가도 울기도 하니까
아침이슬 머금고 기지개 켜며 아침 해 맞이하는
꽃잎 닮은 인생에 저녁노을이런가
웃고 웃던 마음에 깊은 사연 가슴에 간직하면서
곱게 핀 꽃잎 인생살이 시들어져 가누나

내 영혼도 다 가져가요

당신과 나 사이 좋은 날에 싫은 날도 많았다지만

그래도 좋은 날들 많아 오늘이 있잖소

난 당신 마음 믿고 당신이 내 마음을 믿고 살아와

이 모두가 당신과 나 일심동체라잖아

내가 떠나도 마음속 담아 영혼까지 가져가야지

당신이 떠날 때 내 영혼도 다 가져가요

새까만 가슴속 씻기나 하지

마음이 울적할 땐 밤하늘에 수많은 별들을 봐도

허전한 마음속 채워 줄 별 하나 없고

슬픈 마음속 알았는지 먹구름 몰려와 하늘 덮고

슬프던 가슴속을 달래려고 하는데

소낙비라도 주룩주룩 퍼부어 주면 흠뻑 맞고나

울적한 마음속 새까만 가슴속 씻기나 하지

부수고 쳐들어가야지

무지개 보고 싶으면 폭포수에 비쳐 준 태양 등지고

바라보면 오색 무지개 볼 수가 있듯이

내 마음을 열고 싶으면 다가와 얼굴을 마주 봐 줘요

뻘쭘한 마음마저도 살며시 열리겠지

안 열리면 두드려 보고 두드려도 기척들이 없으면

부수고 쳐들어가야지 내 사람을 만들려면

내 것인데 어쩌나요

그대 마음 잡아나 볼까 그대의 눈빛 쏘여나 볼까

고민 끝 마음잡고 눈빛 쏘여보려는데

스캔하려는 그대 눈빛이 파고들려는 그대 마음속

놓치고 나면 영영 후회될 것만 같아서

모자라면 채워서 주고 앞서가면 따라도 가려는데

인연인데 어찌 하나요 내 것인데 어쩌나요

덧칠도 못 하는 인연이면

나뭇잎들은 산들바람에 흔들리다가 큰바람 불면

널뛰기도 한다지만 당신만 기다리는

이 한 마음은 산들바람에 태풍이 와도 끄떡도 없어

새뽀얀 이 한 마음을 당신이 뭘 알라나

잘못 그려진 그림이라면 덧칠하고 다시 그리지만

덧칠도 못 하는 인연이면 나는 난 어떡해

약속한 날 그날까지

당신을 위해 기다린 마음속 얼마나 알고 있나요

이 무심한 사람아 이 야속한 사람아

하루 이틀도 아니고 기나긴 세월을 기다렸건만

어쩌면 당신만 모른 척하시는지요

저 세월은 흘러가지만 이 마음속은 그대로인데

약속한 날 그날까지 기다리고만 있는데

내 사랑에 뭔 깜부기요

한 백 년을 사자더니 한평생 사자더니
뭔 사연에 물안개이듯 사라져 버린 무정한 사람아
못 지키는 약속이라면 애초 하지 말지
옥구슬 인생에 꽃잎 청춘에다 사랑 깜부기라니요
봄바람에 물결이듯 일렁인 청보리는 아니라도
내 청춘 깜부기 내 사랑에 뭔 깜부기요

늘상 그러기에

그대의 마음속 태평양 바다 속이듯 너무도 깊은데
들어가지도 눈으론 볼 수가 없다지만
그대 눈빛 보면 마음속이 훤히 다 들여다보이지
이유가 뭐냐 물어본다면 표현 못 해도
그대 믿는 속마음 하늘이고 가슴속은 바다인데
늘상 그러기에 포기를 못 하는 남자랍니다

웃음꽃이 절로 피니까

부자도 나난 부럽지 않소 왕관도 나난 부럽지 않소
내게는 오직 당신만이 옆에 있으면 돼
백세 인생사 난 부럽지 않소 당신과 삶들이 중요해
미워하며 오래오래 살아서 뭐 하겠소
하룰 살아도 마음 편히 웃으며 살아가면 행복이지
당신과 나 함께라면 웃음꽃이 절로 피니까

팔자대로 살아가야지

금덩이에 눈알이 멀고 각선미에 뿅 가고 말더니만
돈 구덩이에 각선미에만 푹 적셔져서
뛰지도 걷지도 못하고 늪에 빠져 헤어나지 못하고
가슴을 치며 울어 본다고 뭐가 달라져
허구 욕심도 부질없어라 지나고 나니 후회만 쌓여
세상만사 형편대로 살자 팔자대로 살아가야지

가슴속에 꼭 담아 두겠소

어젯밤 꿈속 사랑 하나 그려 가지라면

그대 얼굴 예쁘게 그려서 가슴속에 간직하리라

세월이 흔들리고 세상이 찢겨져 가도

그대가 원하는 약속만은 어김없이 지켜가겠소

주어진 인연에 요지부동 운명이라면

그대 위해 마음 열고 가슴속 깊이 꼭 담아 두겠소

이것이 청춘의 길인걸

꿈마저 많았던 청춘의 뒤안길 배짱도 크던 젊음 길

내가는 앞길에 장애물도 뛰어넘었다

거침없이 달려왔다 불구덩이도 마다하지 않았고

청춘의 기백 젊음의 울분마저 삼켰다

신호등도 건너고 뻥뻥 뚫린 대로도 달려보지만

이것이 청춘의 길인걸 젊음의 길인걸

새옹지마 사랑 있으랴

가지를 마요 떠나지 마요 나를 두고 떠나지 마요

이대로 가면 내 가슴속은 다 무너져

마음만 두고 떠나면 정 두고 떠나면 나난 어떡해

이리 떠나면 내 마음속 슬프지 않소

새옹지마 사랑 있으랴 헤어지면 끝날 사랑인데

새까맣게 이내 가슴속을 멍들이지는 마요

나난 사랑 이불 덮어 주겠소

새봄 새싹 틔워 보려 하염없이 봄비 내려 주는데

난 당신 위해 사랑 비를 뿌려 주리다

황금들녘 한들한들 오곡들이 고개 숙여 춤추면

황금 미소로 당신 마음 접수 하겠소

겨울 한파에 산천초목에 눈 이불도 덮어 주는데

당신 위해 나난 사랑 이불 덮어 주겠소

마음 가슴속 두려워

볼 수 없지만 형체도 없는 당신 위한 그리움들이

밤이면 소설책 읽듯이 쉼 없이 넘기며

마음속에 새기고 가슴속에 담았던 사랑 환상들

혹여나 물거품이 될까 봐 두려워져요

무언의 가을 알려주는 단풍잎들이 낙엽 되어도

당신과 나 틀어질까 봐 마음 가슴속 두려워

찐 속마음도 넙죽 던져 주오

당신 나 하나 위해 찐 속마음 하나 넙죽 던져 주면

난 찐 마음에 찐 난 가슴도 다 줄게요

당신이 나 하나 위해 찐 미소 하나 툭 던져 준다면

난 찐 미소에 영혼까지 다 줄 수 있어

세상살이 뭐 별거나 당신과 나 행복하면 되는데

찐 웃음에다 찐 속마음도 넙죽 던져 주오

마음속 고장 난 후부터야

우린 좋아도 힘들어도 웃었고 슬픔에도 웃었다

그런데 왜 요즘에 뭐가 고장 난 거야

좋은 일에 웃음도 잃어버리고 짜증만 쌓여지니

너와 나 사이 왜 이리도 뒤틀렸는지

어디서 어디까지가 고장 난 건지 밝혀 내야 하는데

너와 나 생각이 마음속 고장 난 후부터야

나난 어떡하라고

어제는 하하 호호 웃어 대더니 오늘 내 속을 박박

누룽지 긁듯 마구 마구만 긁어 대는데

참고 견뎌야 옳은지 맞장구치며 다퉈야 옳은지

시도 때도 없는 강짜들은 삼켜 내야 해

참는 것도 한계이고 견디는 것도 한계가 왔는데

밤낮 들들 볶으면 어떡해 나난 어떡하라고

해바라기 한 쌍인데

당신이 주신 사랑 가슴속에 차곡차곡 쌓아 두겠소

이내 사랑도 당신 마음속에 담아 주오

누가 먼저 약속을 깨고 배신할지 신만이 알겠지만

돌고 도는 물레방아 사랑도 아니잖아

당신은 태양이고 난 해바라기 천하일품 한 쌍인데

하늘이 내려 주신 당신과 나 해바라기 한 쌍인데

이 멍청아

네가 있으면 찾아갈 거고 네가 없으면 난 못 가는데

네가 없는데 왜 거길 가야 해 이 멍청아

난 바보가 아냐 너 없는 세상살이 살기도 싫다는데

내 말을 뭐로 듣느냐 말해 봐 이 멍청아

분명히 말하는데 네가 없으면 물이 빠진 호수라고

내 말 뭐로 듣느냐 코로 듣느냐 이 멍청아

눈물 강물이 되었겠지

당신이 그리워 흘리던 눈물 보고파 흘리던 눈물들
모아 모았다면 아리수 강 넘쳐 나겠지
당신이 좋아 웃던 함박꽃웃음 그 웃음 모아 모아다
꽃밭 만들었으면 꽃박람회도 열겠지
미운 사랑도 작심삼일 흘러 유유히 흘러갔더라면
아리수 강도 넘쳐나는 눈물 강물이 되었겠지

이별 쓴 잔도 마셔 봐야

사랑이란 강물이듯 굽이굽이 굽이쳐 흘러가지만
참사랑을 겪어 본 여인은 그 눈물 알지
오색 무지개이듯 떠 있다 사라지는 게 사랑이런가
이별의 잔 마셔 봐야 사랑 굶는 남자지
눈물 사랑에 이별 쓴 잔을 마셔봐야 인생 사알라나
이별 쓴 잔도 마셔봐야 인생살이의 삶인걸

젊은 날의 반항길

마음이 가는 대로 발길이 닿는 대로 무작정 달렸다

낮이고 밤이고 젊은 날의 반항의 길

비탈진 언덕길도 단숨에 오르고 강물도 건너뛰며

거침없이 달렸다 젊은 날의 반항길

브레이크 없는 짐수레 끌고 내리막길도 내려왔다

추억 속의 철없던 반항길 젊은 날의 반항길

범에게 물려 가도

가슴속 답답하고 마음이 흔들릴 땐 한 번 되돌아봐

내 마음이 허공 속을 헤매고 있는지를

일들이 꼬여져 마음 둘 곳 없어도 하늘 한 번 쳐다봐

허공 속인데 뭔가는 느낌들이 오잖아

하늘이 무너져도 솟아날 구멍이 있다고들 하잖아

범에게 물려 가도 정신 똑바로 차리면 산다잖아

영영 남남인 것을

가는 사람은 붙잡지 말고 오는 사람 내치지 마라

인연 뭐 별거냐 마음 하나 맞으면 되지

울며불며 붙잡았더니 틈나면 배신만 때리려 해

한 번 준 마음 억울하고 준 정이 분해도

옆에 있다고 믿지 마라 살결 닿았다고 안심 마라

헤어져서 떠나고 나면 영영 남남인 것을

타는 이 마음속 어떡해

난 그대만 보면 말문이 막히고 얼굴 일그러지니

어쩌나 이내 마음 하나를 몰라주니까

그대만 보면 마음속 설레고 가슴속 두근거려도

가슴속까지 펼쳐 놓고 보일 수 없지만

억울하다가도 성벽이던 마음마저 허물어져 가

타는 이 마음속 어떡해 이 가슴속 어떡해

꼬집어도 배시시 웃어 주니까

당신과 나 정은 싸워도 본전에 웃어도 본전인데

화나서 옆구리 꼬집으면 웃어 버리니

토닥토닥 다퉈도 본전 험담에 짜증 부려도 본전

어깨 한 번 툭 쳐주면 호호 웃고 마니까

당신과 나 정들은 웃어도 본전 울어도 본전이야

짜증 나서 꼬집어도 배시시 웃어 주니까

왜 좋아했냐고 묻지를 마소

하필이면 날 좋아했냐고 늘 까칠한데 좋아했냐고

따져 물어 온다면 아무튼 좋아했다고

그때 있었던 그대로 한없이 좋았다고 말을 하겠소

찌릿찌릿 스파크 튀도록 좋았다고요

우연이란 없나요 이렇게 만난 건 우연이 아니요

왜 사랑했냐고 왜 좋아했냐고 묻지를 마소

꿈도 많던 여자 마음

몰라서 허물어지고 몰라서 붙잡힌 인연 어떡해

오지게 살다 보면 좋은 날들이 있겠지

알고도 거절 못 하고 좋아 머물렀는데 어쩌나요

후회도 가라앉고 원망들도 잠들고 나

늦으나마 웃음의 행복 길 바라보는 여자 마음을

철없어 붙잡힌 여자 꿈도 많던 여자 마음

텅텅 빈 정이더라

당신 나와 만나면 준다 준다 사랑 몽땅 준다기에

그 눈빛이 너무 애처로워 받아줬더니

뒷간 갈 때만 바쁘지 올 때 바쁘나 듯이 대하는데

익어야 정이라지 설익어 신맛뿐이니

당신 걸핏하면 하나뿐인 정까지 다 준다 하기에

그 정에 푹 빠졌나 했는데 텅텅 빈 정이더라

그냥 매달려 가는 수레바퀴냐

오는데 네 맘이고 가는데도 네 맘이면

왜 모두가 다 네 맘이면 나난 쉬어 가는 간이역이냐

만남도 네 맘이고 헤어짐도 네 맘대로

이 모두가 다 왜 네 맘대로야 난 뭐 간이 정거장이냐

차 마셔도 네 맘대로 끼니도 네 맘대로

달구지 수레바퀴냐 마냥 매달려 가는 객차 바퀴냐

뛰어 봤자 거기서 거기지

고리타분하고 답답한 현실은 훌훌 다 털어 버리고

하늘 가르는 기러기처럼 훨훨 날고파

실타래처럼 엉켜진 추억들 세월 속에 다 묻어 버려

머릿속 띵하고 헛것이 눈에 번쩍여도

죄 없는 세월만 거스르지 말고 순리대로 살자고요

세상살이 인생살이란 뛰어 봤자 거기서 거기지

웃을 날만 기다려 왔는데

나 혼자 잘 살겠다고 외줄 타가며 걸어오질 않았다

너라는 사람 없다면 그러질 않았지

추억 하나 남기려고 외로운 길 택하지 않았다고요

언젠가는 주렁주렁 추억 얘기 하겠지

나 하나 위해 외줄 타가며 너의 뒤만 쫓아왔겠느냐

언젠가는 너와 나 웃을 날만 기다려 왔는데

가던 길을 걸으리라

인생길 짐작 사랑이 눈앞을 스치며 지나가고 있는데

잡아야 하나 모른 척하며 보내야 하나

때 묻은 세상살이 걸고 넘어지려도 참아야 하는데

손에 닿아도 모르는 척하고 보내자니

헝클어진 세상살이 그대 마음속에 들여다보여도

눈감고 모른 척하며 가던 길을 걸으리라

덕지덕지 덧칠은 왜 하나

싫으면 떠나면 되는데 아픈 속가슴에 상처 주려고

덕지덕지 인생 덧칠은 왜 하려고 그래

좋으면 가만히들 있지 시린 속가슴에 부채질 왜 해

미련에 푹 젖었다면 훌훌 털어 버려라

헤어지고 나면 남남이지만 그래도 추억은 남잖아

덕지덕지 덧칠은 왜 하나 덧칠이나 말던지

포기할 뻔했잖아

하는 짓들 보면 나라는 사람 안중에 없었나 보다

속마음을 접고 포기하려 고민했는데

어느 날 스쳐 가는 너의 눈빛이 심상치 않다는걸

느끼고부터 내 가슴속이 달아올랐지

심상찮은 속마음 가졌으면 터치라도 해 주던지

난 그 마음도 모르고 포기할 뻔했잖아

내 청춘만 저물어 가네

험난한 세상살이 살아오면서 시련도 많았다지만

반쪽인사람 만나기가 왜 이리 힘드나

청춘의 벽들 바람처럼 구름처럼 넘으려고 했지만

오지도 않는 인연 기다리는 이 마음속

오늘일까 내일일까 무심한 하늘만을 쳐다보다가

저녁노을 따라서 내 청춘만 저물어 가네

붙잡지 못한 게 후회랍니다

울면서 가는 님을 붙잡지 못했어도 보낸 마음에

가슴속은 새까맣게 타드는 숯덩인데

떠난다는 말은 들어도 이렇게 떠날 줄 몰랐는데

오는 길하나 가는 길마저 하나라지만

웃음 길 짧았는데 눈물 길은 왜 이리 길기만 하나

떠나는 님 붙잡지 못한 게 후회랍니다

머물 곳 당신 품속뿐인데

다시 돌아갈 수 있다면 옛날의 당신의 품속으로

돌아갈 수만 있다면 나난 당신에게

뭐라도 다 해 줄 수 있어요 별들을 따다가 엮어서

별 목걸이도 걸어주고 저 둥근달 따다

달 방석도 만들어 줄 수 있고 찾아갈 곳도 당신뿐

아무리 찾아봐도 머물 곳도 당신 품속뿐인데

넋 잃은 사나이 눈물

멀어져 가는 그대의 뒷모습 바라보는 내 눈가에는

예상치 못한 싸늘한 이슬 고이더니

주르르 미끄럼 타듯 흘러내리며 입술에 전해지는

짠맛도 삼키면서 돌아서는 사나이

내 서러움 구름이 알려나 스쳐 가는 바람이 알려나

하늘만 바라다보는 넋 잃은 사나이 눈물

하늘 같은 당신인데

당신 불만들이 소나기 퍼붓듯이 쏟아져 내려도

난 당신 원망에 미워하지 않았고요

불같은 당신 성미가 파도처럼 수없이 덮쳤어도

눈물 삼키며 그 물결들 헤쳐서 왔고

사랑이란 아름다운 태양이듯이 빛날 때까지는

하늘 같은 당신인데 영영 지켜나가리라

버선발로 붙잡지 않아

온다고 당신이 온다고 버선발로 반길 줄 알았느냐

말로만 온다는 그 약속이 한두 번이냐

간다 간다고 으스대더니 차일피일 미루기만 했지

빈손으로 왔다 빈손으로 돌아가려고

싫다는 당신 토라져 간다는 당신 보내 주려고 해

나 혼자 살망정 버선발로 붙잡지 않아

이미 뒤틀린 인연인데

누가 이 사람 마음속 울리려 드나 그 누가 이 사람

가슴속에 슬픔 덩어리 만들려 드나

잊으려는 추억뿐인데 돌아서려는 마음뿐인데

붙잡지도 말아 줘 흔들지도 말아 줘

속마음 접고 떠난 사람에 머물 수 없는 사람인데

이미 뒤틀린 인연인데 붙잡아서 뭐 하겠소

난 사내이니까

사내 가는 길 시뿌연 먼지 풀풀 날리고 돌부리에

걸려서 넘어져도 흙먼지 훌훌 털고

미래 향해 불도저처럼 밀고 온 사낸데 멈추라고

눈비 속 세월 폭풍 파도 세상 넘고서

천지개벽 산더미 파도가 사나이 길 덮친다 해도

사나이 가는 길 열려 있다 난 사내이니까

움푹이 파인 가슴일 줄이야

오는 사람도 챙기지 못하고 가는데 잡지 못했는데

그때 왜 그랬을까 수줍어 말도 못 하고

세월만 흘러가 내 청춘은 저물어 가는 노을이더냐

못난 추억 펼쳐 놔도 때늦은 후회뿐

오는 이를 받지도 못하고 가는 이도 잡지 못한 것이

주름진 마음속에 움푹이 파인 가슴일 줄이야

흔들리는 이 마음속

겨울눈이 녹을 때까지도 마음속만은 그대로인데

봄향기 풍겨 오니 가슴마저 허전해

아지랑이 피어나고 개나리 움트니 설레는 속마음

새내기 봄바람 탓에 꽃향기 탓인가

마음속 젖어지고 가슴속이 설레는 새봄은 왔는데

흔들리는 이 마음속 설레지는 이 가슴속

비가 내려도 당신과 함께라면 내린 빗방울만큼

늘 행복하게 당신만을 품고 살고파

눈이 내려도 당신과 함께라면 내린 눈송이만큼

포근하게 끌어안고 잠들고 싶어져

좋아하면 좋은 만큼 사랑하면 사랑만큼 웃으며

오직 당신만을 오직 영원히 품고서 살리라

손가락도 길고 짧은데

일 년 삼백육십오일 하루같이 좋아서 속삭이던

나만의 해바라기 달콤하던 그 사람도

잠시 잠깐 소홀했더니 이별이란 청구서 내밀어

헤어지자 나 기막히고 한숨 절로 나와

인연이 뭐 아파트 계약서냐 렌터카 리스이더냐

한날한시에 태어난 손가락도 길고 짧은데

십 년을 넘게 지켜왔는데

십 년을 하루같이 바라보며 살아왔어도 미운 구석

단 한 번 없으니 인연인지는 몰라도

생각할수록 아름다움이 가슴속 차곡차곡 쌓여져

누구의 배려인지는 잘은 모른다지만

당신 배려와 이해심에 늘 녹아내려진 마음뿐인데

십 년을 넘게 지켜왔는데 헤어지자고요

너 떠나면 난 어떡하라고

너 떠나면 나도 가야지 너 떠나면 따라가야지

가시밭길 천리라도 나난 따라 가리다

너 없는 빈 가슴속을 뭐로 채워가며 살란 말이냐

외로움 덮고 사느니 고행길 택하리라

하룰 살아도 웃으며 살고파 그리움 안고 살고파

너 떠나면 난 어떡하라고 너 따라가야지

행복의 집칸쯤은 짓겠지 뭐

나 혼자 저 높은 창공을 훨훨 날아오르진 못해도

당신과라면 훨훨 날아오를 수가 있어

끝없는 저 수평선 거친 파도 속을 뚫지는 못해도

당신과라면 얼마든지 뚫을 수가 있어

브레이크 없는 세월에도 험하단 별난 세상에도

당신과라면 행복의 집칸쯤은 짓겠지 뭐

훌쩍 떠난 우중충한 사람아

끓어 대는 이 내 가슴속에 외로움만 툭 던져 놓고

온다 간단 말없이 훌쩍 떠난 사람아

숫기 없는 눈빛에 눈인사라도 던져 주면 어때서

갈대 숲속 바람이듯 스쳐 간 사람아

봄날 새싹인 가슴속에 그리움 하나 툭 던져놓고

멀리멀리 훌쩍 떠난 우중충한 사람아

내가 짊어지고 가야지

잊어버릴 사람도 아냐 지나쳐 갈 사람도 아닌데

왜 이리도 망설여지고 서먹서먹해

스쳐 버릴 인연 아닌데 몰래 떠날 처지도 아닌데

이렇게 혼돈될 줄 생각지 못했는데

외상도 못하고 떼먹지 못하는데 이걸 어떡해요

미래 운명이라면 내가 짊어지고 가야지

내 가슴팍에 기댈 때까지

난 그대가 마지막까지 미움이란 걸 풀지 않아도

내 마음속 닫힐 때까지 포기란 없어

달나라에 숨어 살고 용왕님의 등 뒤에 숨는대도

난 기어코 나의 짝인 그댈 찾으리라

그대 돌아설 때까지 내게는 소중한 동반자니까

노여움들도 풀고 내 가슴팍에 기댈 때까지

죽어도 동반자인 내 당신

세상에 태어나 엄청 좋아하다가 미움도 컸지만

이 모두가 내 인생에 운명일 줄이야

누가 뭐라도 누가 말려도 귓전에 들리지 않는데

지인마다 충고도 쇠귀에 경 읽기야

세월 흐름 속 아등바등 살다 보니 허무한 인생사

그 누가 뭐라던 죽어도 동반자인 내 당신

뻥은 뻥이잖아

넌 툭하면 날 찍어 뒀다고 동네방네 헛소문내지만

난 개의지 않아 느낌이라고 없으니까

내뱉는 말들 아무도 안 믿어 허접스런 내용뿐이니

원만하면 허접해도 농담이라 받아 줘

요란한 뻥치니까 제아무리 광내 봤자 뻥이잖아요

형편대로 살자 뻥치지 말고 뻥은 뻥이잖아

떠돌이 위선자더냐

먹구름 속으로 사라져 버린 사랑 흔적 찾아내려고

눈알이 빠지고 저려 오는 모가지에

그 인연에 가슴 조이는 마음속이나 알면 좋으련만

사계절이 지나가도록 감감무소식

허공에 매달린 마음이냐 창공에 뿌려진 가슴이냐

형체조차도 불투명한 떠돌이 위선자더냐

나밖에 아무도 몰라

생각만 해도 찌릿찌릿한 이 내 마음속 당신은 알까

몰라 몰라 남들은 몰라 아무도 몰라

보기만 해도 콩닥콩닥대는 이 내 가슴속 어떡해요

몰라 몰라 나밖에 몰라 남들은 몰라

찌릿찌릿한 속마음 콩닥콩닥 속가슴당신이 알까

남들은 몰라 몰라요 나밖에 아무도 몰라

사랑 누룽지 인생 누룽지

나는 보았다 그대 눈빛에 붙어 있는 사랑 누룽지

그 노릇노릇 누룽지가 메시지란 걸

나는 느꼈지 그대 미소 짓는 붉은 입술의 다그침

그 유혹들도 나난 가슴속에 담았지

행여나 꿈은 아닌지 얼굴 꼬집으며 확인도 했지

사랑 누룽지 인생 누룽지 꿈 아닌 사랑 누룽지

식었다가 데워지니까

한때 어느 땐 그대와 헤어지려고 큰맘까지 먹었지

달콤했던 그 추억마저 잊으려 했지만

질긴 게 사랑이드라 쉽게 끊지 못할게 사랑이드라

아침나절에 피었다 저녁이면 웃음꽃

사랑은 요술쟁이야 사랑은 마술쟁인지도 몰라요

데워졌다 식어지고 식었다가 데워지니까

사르르 꿈나라로 떠나요

나지막한 목소리 그대 속삭이던 나지막한 목소리

한밤중 뒤척일 땐 그 느낌마저 다가와

자기라 불러 주던 그대 고운 목소리가 귓전 울리고

나밖에는 아무도 알아듣지 못하지만

나지막한 그 목소리 그 속삭이던 나지막한 목소리

그 사랑 부여안고 사르르 꿈나라로 떠나요

가을 등지고 떠난 사랑꾼

그 사람이 지금도 옛 추억향기에 취해서 있을라나

난 아직 그 사람 눈빛에 젖어 사는데

쌀쌀한 가을 남기고 간 사람아 새봄은 다가오는데

진달래피고 아지랑이도 피어나는데

왜 나날 잊었느냐 세월에 떠돌다가 나날 잊었느냐

날 울려 버린 사랑꾼 가을 등지고 떠난 사랑꾼

추억의 허공 속 사랑이런가

지나가 버린 추억들 꿈꾸며 못 잊는 나난 못난이

흘러가 버린 추억 속에 떠나 버린 인연

왜 잊지를 못하고 버리지 못하는지 알 수가 없어

그 추억 속에 푹 빠졌느냐 푹 익었느냐

꿈속 추억에 허공 속 사랑 기다리는 나는 못난이야

물안개 추억인가 추억의 허공 속 사랑이런가

주려는 마음이 뭔 죄라고

눈빛 쏘아 마음사랑이 뭔 죄라고 펄쩍 뛰며 반색해

보이는 눈에 사랑 홀림이 뭔 죄이라고

이 한마음 쏠렸다고 뭔 죄라고 눈을 흘기며 째려봐

마음 가슴속에 생각사란 사랑 바퀴지

마음 가슴도 나의 것이고 인생사랑도 나의 것인데

주려는 마음이 뭔 죄라고 펄쩍 뛰며 반색해

사랑이란 뒤안길

물거품을 토해 내며 밀려왔다 쓸려 가는 저 파도는
젊음에 꿈꾸던 내 청춘의 서사시인가
날이 새면 잠 깨어나 부스스 기지개로 아침을 열던
청춘의 기백들은 사랑 속의 전조던가
푸른 잎이 물들여져 낙엽으로 떨어지는 사랑말자
팍팍해가는 인생살이에 사랑이란 뒤안길

이내 가슴팍에 기대 봐

어깨에도 날개가 있다면 저 높은 하늘 창공 속으로
당신을 부둥켜안고 훨훨 날고파져요
뼈가 부서져도 당신 행복하다면 그 길을 걸으리라
눈물보다는 웃음들이 더 많을 테니까
가슴속에 진심이 있다면 모두 모두 다 당신 주리다
이내 가슴팍에 기대 봐 포근포근 할 거니까

속가슴 안달만 나게 해

마음을 털어놓고 고백해도 외면하는 야박한 사람

아니면 아니라고 솔직히 말하지 그래

속가슴 펼쳐 놓고 애원해도 요리조리 피하는 사람

뭐 그리도 두려워 눈치나 보려고 하나

마음 하나 주는 게 뭐 어려워 그렇게도 고집부리나

싫으면 싫다 하시지 속가슴 안달만 나게 해

내일 아침 해가 뜨니까

눈물을 감추지도 말고 나오는 대로 흘러 버려요

그대와 나 여지껏 숨긴 일이 없잖소

할 말은 하자고요 못할 말이 뭐 있어 다들 아는데

좋은 일에 싫은 일 다 겪어도 왔는데

그대와 추억들 지난 이야기 사랑 속가슴에 묻자

오늘 해가 저물어 가도 내일 아침 해가 뜨니까

어느 세월에 날 안고 돌아 주려나

강가에 물레방아 물 안고 빙글빙글 잘만 도는데
내 님은 날 안고 돌 줄은 왜 모르나
저 강물도 단풍잎 등에 업고 구비길 잘도 가는데
사랑한 내 님 날 업어 줄 생각 없나
물레방아만 못한 님 강물만도 못한 내 님이시여
어느 날 어느 세월에 날 안고 돌아 주려나

가질 거면 가져라

내가 싫어서 떠났으면 자존심 하나 챙겼다 하지
이도 저도 아닌 난 아무것 아니잖아
내가 먼저 차버리고 뒤도 안 돌아보고 떠났다면
가슴속에 응어린 생기지 않았겠지
뜨뜻 미지근 버티다가 낙동강 오리알 되겠는데
버릴 사랑은 버리고 가질 거면 가져라

해바라기 내 여자

널 처음 만날 때 천방지축 말괄량인 줄 알았는데

한참 겪어 보니 눈빛진정성 묻었고

여러 번 만나 보니 고운마음 속 깊은 여자이기에

붉은 입술 슬기로운 여잔 줄 알았지

내 널 믿어 온 것이 누렇게 익어 가는 가을들녘에

해바라기 닮은 여자 해바라기 내 여자

내 손 꼭 잡아 준 그녀인데

눈물 삼켜가며 돌아서려는 내 손 꼭 잡아 준 그녀

눈가 아름다움 서렸던 그때 그 모습

세월 가고 세상이 변해 가도 아직 그때 그 모습이

가슴속 꼭 채워 뜨겁게 사랑할 거야

허망하게 돌아서려는 내 손 꼭 잡아 준 그녀인데

백 년이고 천 년이고 영영 사랑할 거야

가슴 열고서 마음 다 주리라

만약에 내게도 좋아할 사람 한 사람 생겨난다면

마음을 펼쳐 놓고 가슴도 비워 둬야지

그 사람 내게 왔다가 돌아가지 못하게 해야겠지

푹신하게 앉아 인생 푹 젖도록 해야지

만약에 내게 눈길 주는 사람 하나가 나타난다면

그 사람에게 가슴 열고서 마음 다 주리라

둘둘 추억의 밤이여

이슬비가 보슬보슬 내리던 밤 깊은 삼천포항에

불태웠던 둘둘 추억들 어찌 잊으랴

이슬비 맞아 가며 열기를 토해 내던 그날의 밤이

수없이 떠오르면서 그리워지는데

아침 일어나 양손 덜덜 떨면서 웃어 주던 사람아

삼천포항 부둣가의 밤 둘둘 추억의 밤이여

첫눈에 콕 찍었는데

콕 찍어서 사랑했다 속내 보고 마음속에 콕 찍었다

그 솔직함에 이끌려져서 반해 버렸다

볼 때마다 빠져들고 헤어져도 옆에 둔 기분이 드니

왜 내가 푹 빠졌는지 내 마음 나도 몰라

그대 없이는 못 살 것 같아 콕 찍어가며 사랑했는데

첫눈에 콕 찍었는데 몰라주면 나는 어쩌나

두 발 뻗고 발버둥치는

땅 치며 후회하며 울어도 타오른 가슴속 누가알가

무심하게 밤바람만 스쳐 지나갈 뿐

두 발 뻗고서 몸부림 발버둥 치며 세월을 한탄해도

누구 하나 왜 아프냐고 묻지도 않아

무심한 세월 야속한 세상 마음 하나 둘 곳은 어디에

두 발 뻗고 발버둥치는 이 내 마음 그 누가 알까

꿈속 인생 느낌인가

내게로 와요 느낌이 오네 그리 기다린 사랑이 오네

얼마나 기다리던 꿈속 사랑 느낌인가

인생 바람 불어와 내게로 불어와 사랑 느낌 불어와

고요 바람 훈훈한 바람 내게로 불어와

내게로 와요 느낌이 와요 예전에 없었던 느낌이야

기다린 꿈들이 밀려와 꿈속 인생 느낌인가

꿈속 망상이던가

초생달을 쳐다볼 때면 당신 미소가 떠오르고

배시시 웃어 주던 그 웃음이 굿인데

보름달 바라볼 때면 당신의 얼굴들이 생각나고

야릇하게 바라보던 당신의 그 모습

세월이 흘러도 눈동자 속에 묻어둔 당신 모습은

그대로인데 운명이드냐 꿈속 망상이던가

당신께 모두를 주리다

하늘 아래 누구보다도 더 당신만을 사랑했기에
아낌없이 나의 모두를 다 주렵니다
내일 멈출지라도 헤어질지라도 꼭 사랑할 거요
마음 가슴이랑 몽땅 다 담으려고요
하늘 아래 누구보다도 당신만을 더 좋아했기에
남은 인생 웃음들은 당신께 모두를 주리다

왜 이리도 버거워지는지

당신 한사람을 만나는 게 왜 이리도 힘이 드는지
구름타고 갈거나 바람에 묻어가거나
몰래몰래 남몰래 강물 따라 살며시 스며들거나
안 보이는 사랑이 왜 이리도 힘이 들어
어떤 사람은 첫정에 아들딸 낳고도 잘 산다는데
한사람 사랑하기 왜 이리도 버거워지는지

꿈은 이뤄진다니까

내 마음속 약점 찾아 구석구석 들락거리지 말고

양심을 가졌으면 솔직히 고백해 봐

이곳저곳 기웃대지 말고 자신 있으면 도전해 봐

커다란 흠집 하나 없으면 받아 줄래

인생 도전이야 운명 도전이야 꿈은 버리지 마라

내 거다 싶으면 도전해 봐 꿈은 이뤄진다니까

누가 뭐래도 당신뿐이야

남들은 당신보고 유별난 여자라고 쑤군대지만

내 눈엔 아름다운 장미로 보여지네요

남들은 당신 사치의 중독자라고 손가락질해도

내 눈엔 붉은 앵두 같은 미인인데 뭐

당신하고 살고파 누가 뭐라 해도 당신과 살고파

속마음은 당신뿐 누가 뭐래도 당신뿐이야

꽉 붙잡겠소

볼수록 마주 볼수록 좋았던 그 사람도 세월들 따라

바람에 풍선이듯 두둥실 떠나가고

주다 보면 줄수록 즐겁던 정조차도 멈춘 지 오랜데

사랑이 맴돌다가 사라진 지 오랜데

바람에 밀렸느냐 구름에 업혀 갔느냐 내 고운 청춘

떠나간 사랑이 돌아온다면 꽉 붙잡겠소

너 넌 질기다 질겨

넌 할 일도 없니 볼일도 없니 전화 하면 한두 시간

넌 잠도 안 자니 툭하면 새벽 전화야

넌 내가 장난감이냐 아니면 심심풀이 게임기더냐

따스한 사랑고사 하고 잡소리뿐이니

넌 자존심도 없니 밤잠도 없니 통화로 날을 새려고

너 넌 밤잠도 없니 너 넌 정말 질기다 질겨

나만 바라보면 돼

지켜 줘요 지켜 봐요 꼭 지켜 주고요 지켜 봐줘요 꼭

나만 사랑한단 그 말도 꼭 지켜 줘요

약속대로만 사랑해 줘요 꼭 잔말 말고 사랑해 줘 꼭

지구가 분실되고 하늘 불타도 지켜 줘

약속이란 지키자는 약속이지 어기면 약속 아니지

오직 약속은 지켜 주고 나만 바라보면 돼

늘 미소로 살겠소

세상 사람들 중에 많은 사람들 중에 모래알이듯

수많은 사람 중에 당신을 사랑한 게

죄가 된다면 천 년이고 만 년이고 달게 받으리라

당신이 받아 주는 사랑 조건이지만

오직 당신 마음속에 담고 가슴속 묻을 수 있다면

무지개 꿈을 안고나서 늘 미소로 살겠소

안 보이니 괜히 더 궁금해져

눈길을 던져 주던 그대 마음속에 기대 보던 그대

먼일인지 날씨도 좋은데 보이지 않아

눈 딱 감고 나 받아 줄거나 밤새도록 고민했는데

큰맘 먹고 나 커피 한잔 건네고 싶은데

눈치만 살피던 그대여 내 마음속 살피던 그대여

뭘 일인지 안 보이니 괜히 더 궁금해져

그대 품속에 잠들고 싶소

나난 이대로 그대와 영원히 함께할 수만 있다면

지구 밟고서 저 하늘을 쳐다보는데

나난 이대로 굳어져도 당신과라면 좋아죽겠소

인생이 뭐 별거냐 마음 맞으면 되지

아무것도 필요가 없는데 그대만 옆에 있으면 돼

나 이대로 이대로만 그대 품속에 잠들고 싶소

놓인 게 여한이구나

널부러진 사랑 하나 붙잡지 못해 가슴속 아려도

꿈만은 버리지 못하고 품었는데

가느다란 사랑 하나 챙기지 못해 이리도 외로워

밤하늘 쳐다보며 후회 마실 줄이야

남들 오다가다 잘 만나 히히덕거리며 잘사는데

요리조리 꼬드기다 놓인 게 여한이 구나

그거 말 되네

너 날 여태까지 가지고 놀다 이제 와 싫증 난다고

곰곰이도 생각해 보니 그거 말 되네

여행길 안아 주고 업어 줬는데 해 준 게 뭐있냐고

쫓아다닐 땐 언제인데 그거 말 되네

짜증나면 어쩔 수가 없고 실증나면 헤어져야지

사랑놀이란 다 그런다고요 그거 말 되네

그렁그렁 고여진 눈물

이별의 아쉬움 못내 아쉬워서 쳐다보는 그녀의

두 눈에는 그렁그렁 눈물이 고여져

잊어지는 눈물에 버려지는 눈물인가 그렁그렁

고여진 눈물은 겪어야 할 운명인가

사랑 아쉬움 못내 그리워 바라보는 그녀 눈물이

그렁그렁 고여진 눈물 그렁그렁 그녀 눈물

옛 추억들이 그립잖소

님 아 울님아 갈 때 가더라도 있을 때는 미워 마오

인생사 만남보다 떠날 때가 중하잖소

떠날 때 떠나더라도 있을 때나 환하게 웃어 주오

얼싸 안고 웃어 보던 그때가 그립잖소

꿀맛추억 묻어 두려도 눈빛 그 사랑을 잊으려도

하하 호호 웃어 주던 옛 추억들이 그립잖소

눈빛으로 말해 봐

처음처럼 눈빛으로 말해 봐 그때처럼 아름다운지

마음 모아 웃어 봐 첨처럼 싱그러운지

그때의 너의 진심이 묻어 있던 그 모습 다시 보고파

첨처럼 눈빛 말해 봐 얼마나 변했는지

그때처럼 변치 않은 너의 모습 보고파 그때 모습들

추억들이 얼마나 살아 있는지 눈빛으로 말해 봐

그대와 난 무엇을 남기랴

조개껍질 쪼개지고 부서져서 파도에 떠밀려 와서

해변의 모래밭이 돼 밟고 다니듯이

그대와 나 사랑 씨앗 익어져 대대손손 남겨 볼거나

사랑살이란 설익으면 물거품인데

하찮은 조개들도 죽어 해변의 모래알을 남기는데

사랑하는 그대와 난 무엇을 남기랴

널 믿어도 돼?

나만 보이면 좋아한다는 그 말들 언제나 믿어도 돼

예쁘다는 그 말들이 진심이었나요

그대의 미소가 앵두처럼 아름답단 그 말 믿어도 돼

죽어도 나만을 바라본단 말 진짜야

변덕쟁이일지라도 너와 나 정만은 믿고만 싶은데

세상 끝까지 함께하자는데 널 믿어도 돼?

보랏빛의 나팔꽃이여

밤낮 울타리 기어오르는 마음씨조차 곱디고운

보랏빛 나팔꽃이 한없이 아름다워라

마음씨도 착한가 봐 사나운 싸움쟁이 말벌이

날아와 앉아도 싫은 내색하나 없으니

호랑나비가 날아들어 칭얼대면 속가슴 내주는

그대는 착하디착한 보랏빛의 나팔꽃이여

얼굴에 묻어 있는데

보이지 않는 그대 마음속 뜯어서 볼 수는 없어도

눈빛이 말해 주고 얼굴에 묻어 있어

숨겨져 있는 그대 가슴속 들여다볼 수는 없어도

향기가 풍겨지고 마음속 녹아 있어

좋아한단 말은 안 해도 사랑한단 말도 안 했지만

난 알지요 눈빛이 말하고 얼굴에 묻어 있는데

하하 호호 웃고 살면 최고잖아

잘 사는 게 뭐 별거라더냐 어우러져서 살면 되지

유난 떨며 살아서 좋을 게 뭐가 있다고

유별나게 으스대 봐야 인생살이 뭐 별거 있다고

손가락질에 뒷말이라고 없으면 되지

잘살고 불편하면 뭐 해 못살아도 마음 편해야지

세상살이 하하 호호 웃고 살면 최고잖아

날 버린 너 비겁한 너

좋아한다고 폭삭 속이더니 이별로 날 또 속이려나

굼벵이도 밟으면 꿈틀거린다는데

웃음으로 꼬드기더니 이제 와 눈물만 고이게 하나

마음 돌려 가슴속에 묻고서 말리라

좋아 좋다고 집적대더니 차일피일 또 미루긴가요

날 버린 너 비겁한 너 이번에 또 날 속이냐

나더러 기다리라고

나더러 믿으라기에 나더러 당신이 믿으라기에

미심적은 했었지만 무작정 믿었는데

오늘일까 내일일까 기다려도 세월만이 흘러가

아니라면 외롭더라도 잊기나 하지

나더러 참으라기에 당신이 나더러 믿으라기에

아픈 가슴속 부여안고 나더러 기다리라고

눈가에 주르르 눈물

먹구름에 쏟아진 소낙비도 아닌데 누굴 그리워서

눈물이 주르르 서럽게 흘러내리나

한 번 만나야 하고 한 번 보내야 하는 사랑이라지만

이맛살 잔주름에 티내면 속 시원해

눈가에 고여진 눈물들 닦아 줄 한사람 누가 없을까

기대가 반 원망이 반 눈가에 주르르 눈물

허전한 마음 그날이 그날

보고 봐도 보고 싶고 꿈에도 보고픈 그대 모습들

언제 한 번 실컷 볼 날이 있으랴만

마음에 그려 보고 가슴속에 담아 보는 그대 얼굴

예쁘게 그리려고 그렸다 또 지우고

귀찮은 이 내 마음 밤새워 그리다 새벽녘 잠들어

잠에서 깨나면 허전한 마음 그날이 그날

널 보려고 내가 왔다

왔다 왔어 내가 왔다 너 하나를 보려고 내가 왔다

그리워 왔다 못 잊어왔다 내가 왔다

왔다 왔어 달려왔어 보고파 달려왔다 내가 왔다

경고다 피하지 마라 후회할 거니까

헐래벌떡 달려왔다 죽어라 뛰어왔다 내가 왔다

널 보고파 왔다 널 보려고 내가 왔다

사랑도 공짜는 없다

오는 눈빛이 고와야 가는 눈빛도 고운 거라잖아

새침 떨며 눈 흘기는데 웃으라고요

받는 마음이 고와야 주는 마음도 곱다들 하잖아

투덜대며 짜증내는데 난 어쩌라고

주는 대로 받고 받는 대로 주는데 뭘 불만이냐고

세상에 공짜는 없다 사랑도 공짜는 없다

높다란 하늘 휘젓고 다니는 기분까지 건들지 마요

하늘을 날고 싶은 마음속 어찌 알라나

저 푸른 초원에 뛰어다니는 내 인생은 건들지 마요

대자연 속에 파묻혀 살고만 싶어져

하늘을 날고픈 자연과 어울려 살려는 마음이니까

세상살이에 속마음 편하면 그만이잖아

닦아 줘야 사랑은 빛나는데

사랑이 익어 가더니 미움으로 변할 줄은 몰랐다

사랑 쌓이면 행복인 줄 알았는데

흘러가는 세월 미움이 쌓일 줄 생각지 못했는데

먼지이듯 쌓인 미움들 방치했더니

빨갛게 익어 가던 사랑이 미움으로 막을 내리나

익을수록 자주자주 닦아 줘야 사랑은 빛나는데

단 한 번만이라도

당신이 떠나던 마중 길 수없이 따라 걸어 봤지만

그림자조차 보이지 않고 희미하기만

꿈속이라도 만날까 해서 눈감고 단잠을 청해도

매정한 당신은 현몽조차 아련해져

따라갈 수 없다면 만나볼 수 없다면 몽상인가요

꿈속에라도 한 번만 단 한 번만이라도

난 뭐 감각도 없느냐

너 날 째려보지 마 난 네의 마음까지 알고 있는데

아무리 숨기려도 얼굴에 묻어 있어

너나 훑어보지 마 너의 속가슴 뛰는데 다 보여요

시치미 떼지 마 눈빛에 서려져 있어

좋으면 솔직히 말해야지 왜 그리도 고민만 하나

난 뭐 감각도 없느냐 난 뭐 눈치도 없느냐

사랑 실수투성이

미련 두고 헤어지려니 고여진 눈물 넘쳐 나네요

마음속에 가슴속에 담으려고 해도

버려야 하는 눈물에 잊어야 하는 사랑이라지만

담지 못하고 버리지 못하니 어떡해

언젠간 헤어지면 잊어야지만 세월은 흘러가도

사랑 실수투성이 상처만 남기고 마는지

혹여나 돌아설지 아나

네가 설령 내 마음속을 안대도 겉만을 아는 거지

나에 대하는 태도를 보면 짐작이가

반기며 웃는 웃음들 너의 얼굴에 다 묻어 있는데

겉으로 웃는 게 내 눈에는 다 보여요

정성들 담아 단 한 번만이라도 진심을 보여 줘 봐

혹여나 돌아설지 아나 진심이나 보여 봐

흥건히 젖은 그 사랑

너 날 한 번만 만나 봐 기똥차고 행복들이 흥건하지

밤인지 낮인지도 아마도 모를 거야

너 날 한 번 사귀어 봐 웃음이 흥건하게 넘쳐 나지요

세월이 가는지 오는지도 모를 거야

사랑에 젖어 들어 마를 날이 없도록 젖어들 있겠지

사랑만은 기똥차게 흥건히 젖은 그 사랑

내 인생 이게 뭐야

울긋불긋 설악산 단풍잎이 꽃단장 지워 버리고

앙상한 맨살로 새봄맞이 맞는데

춘하추동 살아가는 인생살이 이리도 고달프나

가도 가도 끝없는 인생살이 고행이냐

한여름 무더위에 매미는 노래만 부르고 살면서

알 잘 낳고 사는데 내 인생 이게 뭐야

눈시울이 나를 붙잡아

수많은 사연들 추억 속에 물안개도 잊어진 지 오래

새벽잠 설치다 보면 머릿속 맴도는데

그때의 그 사연을 놓치지 않았다면 이리도 힘들까

후회 아닌 후회를 삼키지는 말자 해도

수많은 추억들도 전성기 땐 귀한 줄조차 몰랐는데

촉촉이 젖어 드는 눈시울이 나를 붙잡아

꿈속에서나 볼 거나

가실 땐 가시더라도 미움만은 가져가지는 마세요

한두 번 만나는 뜨내기가 아니잖아

헤어질 때 헤어져도 추억은 묻어 버리지 말자고요

마음속 묻어두고 가슴속 새겼는데

간다고 잊어지나 없다고 덮어지나 눈가에 선한걸

꿈속에서나 볼 거나 환상에서나 볼 거나

익어지면 사랑이지

너는 나를 버려도 너는 나를 휴지처럼 버렸어도

마음속에 다잡고서 사람답게 살리라

넌 나를 벌래 보듯이 넌 날 지평선 보듯이 했지만

원망 왜 하나 헤어지면 추억 속인데

인연 아니면 돌아서고 내 꺼 아니면 헤어져야지

사랑이 뭐 별거더냐 익어지면 사랑이지

그 무릎베개 가슴속에 남아

양지바른 잔디밭에 누워 무릎베개 그 무릎베개

세월은 흘러가도 세록 세록 생각이나

빛바랜 추억 묻어 두고 가슴속 슬픔 잊어 버리자

스쳐간 바람결에 흘러간 추억인 것을

살며시 끌어당기며 안아 준 팔베개 그 팔베개를

잊지 못하고 그 무릎베개 가슴속에 남아

키 작은 민들레는

주려거든 정만을 주시고 이별만큼은 주지를 마요

지는 꽃 서러워도 열매 씨앗 남잖소

가려거든 웃음을 주고 눈물만큼은 남기지를 마요

지는 해 아쉬워도 내일 다시 뜨잖소

키 작은 민들레는 천리만리로 날아가 터를 잡잖소

한 덩치의 나 아담한 당신 뭔들 못 하겠소

먼지마저도 훨훨 털고 가 주오

싫으면 떠나지 실증나면 떠나지 누가 막느냐고

변덕쟁이 너 잡을 사람 아무도 없어

아니면 가든지 진저리나면 가든지 누가 붙잡나

새침만 떠는 너 감당하기가 힘들어

정두고 미련도 두고 떠나시면 영영 못 잊으니까

떠나려거든 먼지마저 훨훨 털고 가 주오

그 사랑이 빠져나갈 땐

그 사랑이 밀려올 때는 파도처럼 밀려올 때는

주야장천 영원할 줄로만 알았는데

세월 흐르고 세상 변하더니 그 사랑도 변해가

모닥불처럼 사그라져만 가드라

그 사랑이 빠져나갈 땐 썰물처럼 빠져나갈 땐

마음속 미움에다 가슴속 아픔만이 남아

영영 가져가시든지

마음 하나 그대에 뺏긴지가 십여 년이 다 돼 가는데

가지든지 돌려주든지 깜깜무소식에

마음속 흔들고 가슴속 설레게 해서 뭐 하잔 얘기요

쉽게 가져가더니 돌려주긴 싫으나 봐

빌려준 사랑도 아니요 맡겨 둔 사랑도 아닌데다가

돌려주기가 싫으시면 영영 가져가시든지

지구촌 인간이다

아프리카 아메리카인도 멋지게 살 자유가 있고

하늘 아래 태어난 인간은 당연하지

유럽인 아시아인도 필연적이라는 자유가 있고

젊음들이 넘치는 지구촌 청춘인데

함께 춤도 춰 보자 하늘 찌르듯 바다 가르듯이

노래하며 춤을 춰가며 살아가 보자

우린 자유를 지키는 하늘 아래 지구촌 인간이다

정들다 보니 진정이어라

미우면 미운 대로 사랑해 보니 새콤달콤한 맛인데

뽕 가다 보니 버림받는 것보단 나아

싫어도 들이대기에 사랑해 보니까 달콤한 맛인데

멍하니 있다 차이는 것보단 낫잖아

죽자살자고 사랑해 봐라 자존심 접고 들이대 봐요

미운 정 고운 정들다 보니 진정이어라

내 어이 잊겠느냐고

눈물도 없이 울어 대는 가슴속을 누가 알러나 만은

나의 짝인 그 한 사람은 알고 있겠지

소리 없이 몸부림쳐 흐느끼는 마음속을 누가 알까

내님이신 그 사람은 알고도 남겠지

야속해도 내 님에다 미워해도 언제나 내 님인 것을

내 어이 버리겠으며 내 어이 잊겠느냐고

끝자락에 빈손인데

내가 좋아 하는데 진짜 사랑인줄로만 착각했는데

뒤돌아보니 봄 고사리 사랑이더라

좋아서 그림자처럼 따라가면 인연인줄 알았는데

혼자 좋아 따라다닌 짝사랑이라나

사랑 터득 인생 터득 겪다 보니 끝자락에 빈손인데

좋아서 준 마음이면 사랑인 줄 알았는데

놓칠까 봐 두려워져요

왜 이리 당신만 아껴 주다가 놓칠까 봐 두려워져요

인연은 콩 볶듯이 어디로 튈지 몰라

바람이듯이 사라질까 봐 강물이듯이 흘러갈까 봐

믿어라 사람은 믿어야만 한다기에

당신의 마음도 내꺼라 가슴까지 내 꺼라 말하지만

믿어야겠지만 그래도 놓칠까 봐 두려워져요

삐뚤어져 꼬여만 가는지

세상살이가 왜 이런데 인생살이가 왜 이러는데

삐뚤어지며 자꾸자꾸 꼬여만 가나

신발은 닳으면 버리고 찢어진 옷은 기워나 입지

이러지 저러지 못한 사랑 한스러워

버리지 못할 정이라더냐 잊지 못할 사랑이더냐

인생살이가 왜 삐뚤어져 꼬여만 가는지

내가 뭘 잘못 본거야

언제나 칼칼하던 너의 목소리가 오늘은 왜 이래

다 죽어 가는 목소리에 넋이 빠졌나

아침밥 잘 못 먹었느냐 몽당 귀신에게 홀렸냐고

칼칼한 너의 그 성격 죽여줬는데

오늘은 왜 왜 이러는데 하늘이 통곡할 노릇이야

너 오늘 왜 이런데 내가 뭘 잘못 본거야

똑 부러지게 사랑해 줘요

올라오시려면 오시든 가요 갈라시면 가시든지요

속마음만 헝클어지게 해 놓느냐

사랑은 무지개도 아니고 흑진주도 아니라잖아

주고받고 마음속 고여져야 정이지

미지근한 사랑보다 똑 부러진 정이 더 좋다는데

오시든지 가시든지 똑 부러지게 사랑해 줘요

강물이면 건너가야지

오순도순 살자고 해 놓고서 티격태격 살게 만드나

그 헛소리도 믿어 준 내가 바보나 봐요

알콩달콩 살자하더니만 피곤하게 살게 만드시나

바람이듯 구름이듯 살면 뭐가 어때서

사랑만은 지켜 내고 행복들은 만들면 쌓여지는데

산이라면 넘어가고 강물이면 건너가야지

엄연한 현실인 것을

아롱아롱 눈동자 속에 아롱대며 너널 잊지를 못해

혼 나간 사람이듯 무작정 찾아왔지만

양손 꼭 잡고 벤치에 앉아 공원 분수대 쇼를 보면서

찌릿찌릿 가슴속을 휘젓던 그 사람

지금은 어디 가고 빈 벤치들만 덩그러니 남았는데

꿈이기를 바랐으나 엄연한 현실인 것을

네가 왜 왜 이런데

뭔 일이야 네가 뭔 일이야 생뚱맞게 내가 뭐하기에

전화도 안 받고 문자까지 밟아 버려

왜 이런데 네가 왜 왜 이런데 취했나 봐 왜 이러는데

서쪽에 해가 뜨고 동쪽으로 지려나

뭔 일이야 네가 왜 왜 이런데 생뚱맞게도 왜 이런데

뭔 일인데요 만취했나 봐 네가 왜 왜 이런데

달빛 속 밤바람 쐬어 주오

여태껏 지켜온 고운 순정을 그냥 가져가면 안 돼요

해 뜨면 햇볕도 쐬어 줘야 하잖느냐

고이 지켜 온 고운 마음씨 함부로 주무르면 안 돼요

달뜨면 밤바람도 쐬어 줘야 하니까

강물처럼 구름처럼 흘러가게 내버려두지 마세요

햇볕도 쏘어 주고 달빛 속 밤바람 쐬어 주오

사랑하면 믿어 주오

준다면 주는 거지요 뭘 따지고 그래 속아만 사나

못 믿으면 사귀잔 말은 꺼내지도 마

한다면 난 한다고요 뭘 쪼잔하게 따지고들 그래

그렇게 의심나면 없던 일로 하던지

된다면 되는 것인데 주판알 튕기지 마 존심상해

사랑하면 믿어 주오 좋으면 따라 주오

사랑도 시드나 봐요

태양이 뜨거워 잠시 시드른 아름다운 꽃잎이듯

그대 나 기나긴 인연들 멈출 수 있나

이별이 두려워 눈물지며 사랑 갈길 멈춰야 하나

웃던 울던 어디든 사랑 눈물은 있다

세상에 살자면 어디 가도 서러운 아쉬움 있듯이

시들은 꽃잎이듯이 사랑도 시드나 봐요

속마음은 알아 줘야지

너 넌 네가 내 마음속 깊은 속가슴 헤아려 준다면

난 너에게 더 바랄 게 뭐가 있겠느냐

사랑 미래 인생 미랜데 속마음부터 고쳐먹자고

너 나 가다 멈추면 도로아미타불인데

갈길 정하고 사랑길 정하고 미래로 달려가야지

너와 나 깊고도 넓은 속마음은 알아 줘야지

내 옆에만 있으면 돼

마음 변해서 떠난 사람 내게로 돌아올 수만 있다면

난 그 무엇이라도 다 할 수 있어요

날 싫다고 떠난 사람인데 나의 품안에 안겨 준다면

오늘 좋고 내일도 좋아 늦으면 어때

단 하루도 그대가 없으면 나난 살수가 없다니까요

난 죽어도 좋으니까 내 옆에만 있으면 돼

사랑보다 더 좋은 게 뭐 있나

하루를 살아가도 그대와 함께라면 뭘 더 바라나

눈 흘기며 백년사는 것보다는 낫지

미워한데도 그대와 함께라면 뭘 더 바라느냐고

우린 백마 탄 왕자와 백설 공주인데

한 세월을 살아가는데 한 세상 살아가야 하는데

그대와 나 사랑보다 더 좋은 게 뭐 있나

네가 원망스러워

난 네가 보고프고 네 옆에 언제나 있고도 싶지만

받아 주지 않는 네가 가끔은 미워져

눈감아도 보고프고 눈뜨면 옆에 앉고도 싶은데

세월이 막는지 저 세상이 말리는지

알 수가 없지만 보고도 싶고 옆에 앉히고 싶어도

내 마음 하나 못 받아 주는 네가 원망스러워

젊디젊은 사내인데

사내 배짱하나 둘러매고 겁 없이 세상을 달려왔다

가진 거란 튼튼하고 우람한 육체뿐

빈손에도 세상에 아무것도 부럽고도 겁날게 없어

사내 씽씽하고 푸른데 못할게 뭐야

고집불통 둘러매고 간도 크게 세상을 뒤집어 보자

젊디젊은 사내인데 못할게 뭐가 있다고

왜 왜 이런데

왜 그런데 왜 이런데 사랑들은 못 줘도 미워는 말지

안아 달라 업어 달라 한 것도 아닌데

사랑을 달라 했나 살자 했나 기다리는 마음뿐인데

바라본 죄에 기다린 죄냐 어이없어

왜 그런데 왜 이런데 좋아는 못할망정 미워는 말지

죽자살자고 매달리지도 않는데 왜 왜 이런데

모른 척 눈감고 받아 주오

그대에 매달린 내 행동이 마음에 들지는 않더라도

한 번쯤은 돌아보고 이해했으면 해

첫술에 배부르랴 천 리 길 한 걸음부터라고 하잖소

모자란 나 이해하고 진심 받아 주오

그대에 마음이 쏠려 헤어나지 못하고 이 지경인데

못 이긴 척 이해하고 모른 척 눈감고 받아 주오

나난 담을 수 있어요

보이지 않는 인연에 묶일 수 없는 사랑일지라도

눈빛 보면 마음속에 엮을 수 있어

형상도 없는 정속에 담기지 않는단 사랑이라지만

마음속 삼키며 가슴속 담을 수 있어

안 보여 묶지 못하고 꿈속에 못다 담은 사랑이라도

오직 당신이라면 나난 담을 수 있어요

오묘한 정이지

남의 떡 커 보여도 부러워 마라 작은 내 떡만 못해요
작으면 작은 대로 사는 게 인생이지
남의 돈 억만금이라도 탐내지 마 내 일원만 못해요
없으면 없는 형편대로 살아가야지
잘 먹고 잘산다고 행복이냐 마음 하나 편하면 되지
행복에다 웃고 웃는 인생에 오묘한 정이지

허전한 마음 어쩌나요

해 질 무렵에 길다란 그림자처럼 당신 뒤따르면
훤한 인생에다 멋있는 사랑 행운이지
먼발치에서 당신 바라볼 수만 있다면 행복이고
바람결에 당신 향기 묻어 오나 했는데
밤이면 꿈 사랑에 빠져들어 황홀 순간에 취하다
꿈속에 깨나면 허전한 마음 어쩌나요

비켜 지나간 인연인가

그 사람 만나줄걸 그랬나 날 보고 눈길마저 주던데

이제 와 한참 생각해 보니 아쉬움 남아

그 사람 만나볼걸 그랬나 날 보면 웃어도 주시던데

야릇하던 그 웃음마저도 그리워져가

보면 볼수록 만나면 만날수록 신경 쓰이는 사람아

비켜 지나간 인연인가 스쳐 간 사랑이련가

우습게 보지 마소서

말 없는 세월이라 우습게 보지 마소 큰코다쳐요

세월 속에는 세상이 있고 사람 있는데

변덕스런 세상 잘못 건들면 인생살이 종치니까

좋은 건 좋다 하지만 싫은 건 싫다고요

말도 많은 세상에 살려면 눈치 하나쯤 가져야지

말 없는 세월이라고 우습게 보지 마소서

인생길이 멀기만 하다는데

하늘을 봐야지 별도 따고 임을 봐야 사랑도 하지

은둔 생활에 독수공방 지겹지도 않나

사람을 봐야 말도 하고요 집적대며 어우러지지

한 발 두 발들 내디뎌 봐 미래가 보이지

천 리 길 한걸음부터야 인생살이 그리 무디어서

뭘 하겠느냐 인생길이 멀기만 하다는데

사랑하면 내게로 오소

바람이듯 걸어오고 내게로 사뿐 사뿐히 걸어와

기쁜 소식들 전하려고 사뿐히 오나

사랑이 밀려오나 내게로 오나 살랑살랑 밀려와

참사랑을 전하려고 내게로 오는지

걸어오던 뛰어오던 사랑이면 내게로만 와 줘요

바람이면 스쳐 가고 사랑하면 내게로 오소

하늘의 뜻이라 치고

내가 살아가는데 너밖에 아무도 필요치 않다지만

묻어 두고 싶고 덮어 두고도 싶어도

마음속에 들러붙어 떠날 생각조차 않으니 어떡해

가슴속에 똬리를 틀고 버텨 내는데

숨 쉬고 살려면 너밖에 기댈 사람이라고는 없는데

하늘의 뜻이라 치고 날 받아 주면 어때서

솔직히 고백해야지

살랑살랑 미소 흘리는 그녀 살랑살랑 내 마음속

흔드는 그녀 때문에 얄미워 말 못 해

반짝반짝 눈빛을 쏴 주는 그녀 반짝반짝 눈빛을

쏴 주는 그녀 때문에 마음만 헛갈려

미소 때문에 눈빛 때문에 갈피 못 잡고 헤매다가

만나면 고백해야지 솔직히 고백해야지

당신은 가치와 존재마저 없는 삶을 살았다지만

내게는 원이 없는 사랑 기쁨 삶들이야

동서남북 어딜 가나 사계절 지나도 당신 믿었소

당신에 대한 표현들이 모자랄지라도

내게 준 당신의 사랑만큼 영영 잊지는 않으리라

당신이 내게는 크나큰 사랑 존재니까

나난 어떡하라고

그토록 좋아했던 그 사람을 추억들에 묻어 버리고

빈 가슴만 움켜쥐고 돌아서던 허전함

물불도 안 가리던 내 청춘도 세월들에 묻어 버리고

추억에 청춘도 묻어 버린 세월이여

그 사랑 추억이 떠오르면 감당도 못할 밤이라지만

자꾸만 떠오른 추억들을 나난 어떡하라고

채워 줄 사람이 없을까

싸늘한 이 내 가슴속을 데워 줄 사람 누가 없을까

펄펄 끓이진 않아도 데워 주면 되는데

여기저기 헤매는 이내 마음잡아 줄 사람 없나요

영원히 바라지 않아도 잠시라도 좋아

싸늘한 가슴속 데워 주고 허전 마음 채워 주면 돼

데워 줄 사랑에다 채워 줄 사람이 없을까

뭐 하니 넌 뭐 하니

뭐 하니 뭐 하니 넌 뭐 하니 난 애타게 기다리는데

스쳐 가지도 말고 외면은 자존심 상해

뭐 하니 뭐 하니 넌 뭐 하니 속상해 미칠 지경인데

소리 소문도 없이 살짝 와 주면 하는데

뭐 하니 뭐 하니 넌 뭐 하니 속임수도 한두 번이지

남 몰래 와 주면 어때 뭐 하니 넌 뭐 하니

그댄 내 사랑 나그네

그대는 나의 나그네 사랑 나그네 나의 우상이야

사랑 이슬 젖듯이 얌전할 때 있지만

심술부릴 땐 어디로 튈지는 아무도 모른다잖아

그래도 좋아요 그댄 내 사랑 나그네

갈구지 않으면 내 옆을 떠날 줄 모르는 나그네

그댄 사랑 나그네 그댄 내 사랑 나그네

사랑은 푹 데워 줘야 해

인수봉 신령님께 빈 적도 없으면 암반 등반이란

기가 차고 사랑한다며 눈치도 없나

그렇게 쉬운 여자로 보여 입 있으면 말 해 봐요

냉수도 급히 마셔대면 체한다는데

사랑 냉수가 아니잖아 뜨겁게 데워야 한다니까

푹 삶아 주거나 사랑은 푹 데워 줘야 해

그대 마음이 돌아설 때를

오류 월 콩죽 끓듯 하는 그대 마음 하나 잡으려고

자존심 구겨 가며 인내심도 한계인데

포기 못 하고 오늘일까 내일일까 속가슴 타는데

그 사람이 행여나 이내 마음을 알까

새봄이면 꽃 피듯이 그 사람도 변할 때가 있겠지

그대 마음이 돌아설 때를 기다려야지

마음속에 있다는 것을

너 그리 뜨겁게 날 바라보면 가슴속이 녹아 버려

사랑이 싹틀 땐 촉촉하게 물을 줘야지

너 그토록 좋으면 날 가져가 봐 머뭇대지만 말고

좋은데 이유가 없잖아 어서 나 가져가

아니꼽게 바라보지 마 좋으면 얼른 가져가야지

미래 행복이란 마음속에 있다는 것을

날 좋아한댔지

너는 날 좋아한댔지 진심에 너는 날 사랑한댔지

말만 쏟아 내지 마 진심을 보여 줘 봐

소문들만 흘리지 말고 없는 말 만들지 말라니까

진심 가지고 와 봐라 다 받아 줄 거니

너 넌 날 좋아한댔지 진짜로 나만을 사랑한댔지

헛소리 말고 진심 가져와 받아 줄 거니

가슴속 불씨 하나

그대와 헤어져야 할 무렵이면 마음도 체념되겠지

미래는 몰라도 추억들은 기억나겠지

지워지는 추억에도 사랑들은 지워지지 않으니까

사랑 불씨 하나 남겨 놓는 운명이런가

사랑은 먼 곳으로 떠나가도 가슴속에 그리움 남아

가슴속 불씨 하나 언젠가는 사그라지겠지

그 눈빛에도 온몸이 흔들렸는데

너는 왜 너는 왜 내 마음속 일렁이게 만들어 놓고

다가서려면 바쁘단 핑계로 피하는데

넌 왜 넌 왜 내 가슴속 흐트러지게 부추겨 놓고

마주친 눈빛 외면하며 피하려 드는지

장난질이냐 툭 건드려 본 거니 솔직히 말해 봐라

난 너 그 눈빛에도 온몸이 흔들렸는데

뭐가 문제냐고

너하고 한 번만 좋아해 보자는데 뭐가 문제냐고

쿨하게 사랑해 보자는데 뭐가 문제냐

평생 살자는 것도 아냐 한 번만 좋아해 보자는데

뭐가 문제냐 열애 한 번만 해 보자는데

왜 그렇게도 질색하며 꽁무니를 빼려는 거냐고

따끈하게 좋아해 보려는데 뭐가 문제냐고

주야장천 기다렸는데

진작에나 당신이란 사람 이름 하나 지우지 못하고

멍석처럼 펼쳐 놓고서 기다리는데

촘촘히 펼쳐 놓아도 사랑 그물망에 걸리지 않는지

모르는 가요 알면서도 피하는가요

일찌감치 마음 줘 보고 사랑도 주며 정성들 쏟으며

빈 가슴 움켜쥐고서 주야장천 기다렸는데

사랑마저도 멀어져 가네

싸늘한 찬바람에 밀려간 구름이듯 그리워 불러도

그 이름조차도 뇌리에 잊혀져 가네

한번은 미워해도 두세 번은 그리워지던 사람인데

마음속 가슴속에 머무르는 그 사람

싸늘한 찬바람에 못 견뎌 떨어지는 단풍잎이더냐

그대와 나의 사랑마저도 멀어져 가네

날 원망하다니요

오직 난 오겠다는 당신을 막지도 않았고

떠나겠다는 당신 잡지도 않는데 날 원망하다니요

당신 그 마음 이해할 수 없고 미워져요

마음속이 아프고 가슴속 아려도 후회한 적 없었고

오직 난 당신 사랑이라며 받아 줬는데

이제야 와서 날 원망하다니요 당신이 미워져 가요

나의 인생 작품이니까

난 당신 한사람 만난 이유 아름다움의 작품이었소

마음속에 인생 불길 붙인 사람이니까

당신을 사랑했기에 오늘이 있고 내일까지 꿈꾸지

사랑 불꽃으로 나의 외로움 잠재워 준

사람이기에 당신은 자나 깨나 인생사의 길잡이지

사랑 이정표에다 나의 인생 작품이니까

제발 날 버리지 마요

아직도 내 마음속엔 당신 정이 떠나지 않았는데

귓속말로 속삭이고 있다고 생각해

지금도 내 가슴속에 꿈틀거리고 있다고 생각해

당신 떠나지 않겠다고 발버둥인데

오직 하나 당신을 위해서라면 못 할게 뭐가 있소

날 두고 떠나지 마요 제발 날 버리지 마요

살아도 내 꺼라니까

켜켜이 밀려드는 파도 물결처럼 사랑이 주야장천

그대 좋아한 죄로 가슴 쓰릴 줄이야

구불구불 구부러진 산등성이 오르듯이 힘겨워도

그대에 마음 하나 준 게 어그러질 줄은

난 몰랐는데 구불구불 구부러진 고개를 넘더라도

당신은 죽어도 내 꺼 살아도 내 꺼라니까

잠들고 마는 밤이여

그대와 손가락 걸면서 두 눈가에 이슬이 고여도

녹록지 않고 세상들도 녹록지 않아

누구의 잘못도 아닌데 허물어져 가는 인생 고개

요것이 참 추억이더냐 인생이더냐

해지고 밤이 찾아와도 끝없는 행복이란 뒤안길

이 밤도 그대 생각하다가 잠들고 마는 밤이여

너 넌 내 여보야

너 넌 내 맘속에 안 들지만 끌고도 가려고 했는데

하는 짓마다가 못마땅해도 어쩌나요

언젠가 변하겠지 변할 날 한 번쯤 오겠지 하면서

기다려 봐도 넌 날 끝내 실망시켜도

변하겠지 기다렸는데 끝내 돌아오지 않았으니

그래도 너 넌 내 여보야 너 넌 내 여보야

가슴속에 담았는데

서산을 넘는 붉은 노을들은 내일이면 다시 뜨건만

날 싫다고 떠난 님 언제 다시 또 볼 거나

강남으로 떠난 제비도 새봄이면 다시 돌아오는데

나 없으면 못산다던 그 님 소식도 없나

그 누구는 사랑 무지개라 넋두리하며 투덜대지만

그 말 마음속에 새기며 가슴속에 담았는데

원앙이 뭐 별거더냐

넌 날 외면했지만 난 그래도 너 앞에 알짱대가며

너의 얼굴 더 보고만 싶어 애썼지만

내 마음조차 몰라주고 만남조차도 피해 왔어도

나난 더 보고만 싶어지고 안달했지

지극정성에 못 할게 없다고 안되는 게 없다고

원앙이 뭐 별거더냐 우리 사랑 원앙이지

숨어 우는 이 내 마음속

소슬바람만 스쳐 가도 그대의 향기 묻어 올까 봐

코끝 실룩거린 적들이 한두 번이냐

뭉게구름 지나가도 그대 얼굴 보듯이 반가울 때

한두 번이 아닌데 그댄 날 생각하나

흘러가는 세월 속에 숨어 울어 대는 마음속 알까

한밤에 숨어 우는 이 내 마음속 그대는 알까

사람 꼴이 이게 뭐야

가진 거라곤 하나가 없어도 마음만은 편했었고

애인 하나가 없어도 더없이 좋았는데

부모님 성화에 마음에도 없는 강제 결혼했더니

부닥침이 왜 이리 많아 자유란 꿈일 뿐

밤이면 외출 금지에 지옥문이 따로 없었고

불효 자식 하나 면하려다

사람 꼴이 이게 뭐야 인생 꼴이 이게 뭐야

신경 쓰이는 창밖인데

어느 땐 그대가 창밖에 어슬렁거린다는 착각에

창문도 확 열어젖히며 두리번거려도

고대하던 그 사람 보이지 않고 적막함 허전함에

속가슴 달래는 여인의 마음속 사랑은

허공인가 암흑 속인가 멍하니 바라만 보란 거요

신경 쓰이는 창밖인데 나더러 어떡하라고

거절까진 않겠소

남들 다하는 사랑 포기할까 받아 줄까 미뤄 볼까

악연은 지나가고 인연은 머물러라

넓다란 가슴팍에 기대고 싶다던 나의 여인이여

그대 마음 진심인데 미룰 수는 없지요

그 여인 좋다는데 혼자만 우겨서 뭐가 나아지나

그대 정성 받아 주겠소 거절까진 않겠소

사랑 덮고 살고파

당신과 함께하니 행복이 존재하는 걸 알았고요

진심 주면 사랑이 온다는 걸 알았지

주면 오는 걸 피부로 느껴가며 엄청 행복했지만

행복을 나누면 가슴속에 쌓여지고

즐거움 나누다 보면 사랑에 잠들고 행복에 깨나

오늘도 오순도순 사랑 덮고 살고파

너와 나 행복 사랑이 쌓이지

세상살이 개나리 진달래 피어난 봄날이라지만

그대와 나 빨주노초파남보 사랑이야

세월 따라 살다 보면 허무하고 꿈같은 세상인데

웃음 끼고 살다 보면 행운의 꽃피겠지

외로움은 떨치고 그리움 가슴속에 저장해 놔요

그리해야만 너와 나 행복 사랑이 쌓이지

언능 가야지 마음뿐인데

세월은 바삐 가자 어서 가자는 말 한마디 없는데

마음만 왜 박박 긁으며 바삐 가려나

세상 각박하고 어지러워도 탓하지 말고 쉬어가

무리수 둔다면 인생살이 엉망이지

한 사람 그리움 때문에 떠나지 못하는 인생이여

바삐 가야지 언능 가야지 마음뿐인데

안 그래 여보야

그대 나 요렇게 좋아하면 키 크고 건강한 아들도

잘 낳을 수 있는데 이대로 헝클어져

그대 나 좋아하면 예쁘고 늘씬한 딸도 낳겠소

우린 행복 여보가 되겠지 안 그래 여보야

아껴 주고 마음 담아 좋아하면 멋있는 아들딸도

얼마든지 낳을 수 있잖아 안 그래 여보야

늘 감사하고 고마워요

부모님의 곁 떠나 좌우 앞이 희미하게 안 보이는

험한 세상에 당신 만나 웃으며 사는 건

하늘 뜻인지 부모님의 정성인지 알 수가 없지만

천사인 어여쁜 당신에 고개가 숙여져

자식 위해서 지극 정성으로 빌어 주시던 부모님의

자식들 위함에 늘 감사하고 고마워요

따져서 뭐 하시게

넌 내 마음도 모르겠다고 투덜대지만 나도 역시나

동감이야 동시에 태어난 손가락도

길고 짧듯이 사랑 틈새가 다를 수가 있다는 거잖아

들쭉날쭉 세상인데 따져서 뭐하게

내 속 몰라 짜증 내지만 나 역시나 너 속을 모르잖아

부모도 자식 속 모르는데 따져서 뭐 하시게

이 내 마음속 저 달은 알까

그이를 두고서 떠날 수가 없어 그이가 보고파져서

돌고 돌다가 마는 물레방아 인생아

밤이면 달빛마저도 야속하고 미울 때가 있었지만

애가 타는 내 마음속을 저 달은 알까

그이를 포기도 못 하고 없으면 못살 것만 같아져서

이 내 마음속 저 달이 알까 물레방아 인생아

부대끼는 사랑이여

좋아했던 게 억울하다면 헤어질 수가 없는 거잖아

미운 사랑은 흘러가는 저 구름이냐

정 준 것들이 아까워지면 떠날 수가 없다는 거잖아

미운 정 고운 정 주고받다 외면 못 하니

누가 연애가 쉽다고 했나 툭하면 연애 토라지드라

하루에도 열두 번씩 부대끼는 인생이여

누가 사랑 안개라 했나

당신이 먼저 헤어지자고 눈물바다를 만들어 가며

이별 재촉하는데 떠날 준비 안 됐는데

야속한 당신이 주판알 퉁기며 헤어지자고

과거나 들추는데 하늘 쳐다보며 울분 토해 보지만

누가 사랑 안개라 했나 누가 인생 수렁이라 했나

인연이 다 이러면 누가 인연을 맺겠소

산이 높아야 골이 깊지요

물 맑고 공기 좋던 옛날에는 손만 잡아도 검은 머리

파 뿌리 되도록 동반자로 살았는데

물 공기 오염된 오늘날 밤새워 사랑하다가도

아침에 빠이빠이 속마음 알 수 없고 속가슴도 몰라

결혼 눈빛으로 하나 가슴속 파고들도록

높고도 깊은 결혼해야지 산이 높아야 골이 깊지요

눈물 속의 넋두리는

내가 당신 앞에서 펑펑 쏟아 내던 눈물의 넋두리는

섭섭하고 서럽던 가슴속 눈물이었소

떠나면서 당신 앞에서 얼굴은 붉히지 않으려 해도

가슴속에 울화가 치미는데 어떡해요

생각할수록 그리움에 서러움 세상살이 거쳐야 할

눈물 속의 넋두리는 겪어야 할 운명이었소

솔직히 다 털어놔 봐

너 넌 툭하면 이내 마음속을 이리저리들 떠보는데

이유가 어사무사해 은근히 신경 쓰이는데

가끔은 나의 속가슴 설레게 만드느라 허둥대던데

뭔 꿍꿍이속 아니면 달밤 체조하는지

마음 열고 와 봐 가슴 열고 와 봐 받아 준다고 하잖아

너 속마음을 좀 떠보려는데 솔직히 다 털어놔 봐

너털웃음 으하하

어차피 떠나야 할 사람아 으하하 으하하 너털웃음

으하하 너털웃음 가슴속에 묻고 떠나가

그리움이 생각나도 으하하 으하하 너털웃음으로

웃어 버려 구름이듯 가는 대로 떠나 버려

그 사람도 언젠가는 이내 마음 안다면 돌아오겠지

잊으려면 으하하 으하하 너털웃음 으하하

나의 애인의 팡파레 울려 줘요

팡파레를 터트려 줘 사랑의 팡파레를 터트려 줘요

오늘도 좋고 내일도 좋아 모래면 어때요

내일 생일인데 팡파레 사랑의 팡파레 터트려 주면

어때서 이왕이면 귀빠진 날 울려 줘요

생일파티 팡파레 터트려 줘 축하의 팡파레 울려 줘

나의 애인의 팡파레 울려 줘요 기다릴게요

우물 안 인생 개구리

그대와 나 헤어지면 일생 못 씻을 후회로 남겠지만

눈물로 버티며 기도해도 세월은 저편

저세상도 내 편이 아냐 난 우물 안 속 인생 개구리야

인연 아닌 줄 진즉에 알았으면 잊을걸

겹쳐지는 후회에도 그 사람의 얼굴까지 떠올리며

미련 못 버리는 바보인 우물 안 인생 개구리

스쳐 간 상처의 빈자리

그대가 떠나간 허전한 마음속에는 지우지 못하고

들러붙은 찌꺼기들이 발목을 잡는지

그대가 없는 빈 가슴속 꺼내지 못한 기막힌 사연들

꺼내서 묻을까 애써도 마음속 한구석에

아쉬움 만남아 가슴속에 그리움이 떠나질 않는지

지우지 못하는 인연 스쳐 간 상처의 빈자리

빈 가슴속에 머무는 사람

얼마나 미워해야만 그 사람 가슴속에 지워 버리나

밤마다 꿈속에 나타나던 사람인데

마음속을 비워야지 두 번 다시 못 오는 추억인데도

덮어 둘까 말까 길 걷다가도 생각이나

잊을 만하면 생각나 버리지 못할 정의 미련이런가

속마음 접어도 빈 가슴속에 머무는 사람

알아봤어야 했는데

믿어도 된다고 믿어도 된다고 귀 따갑게 믿어야만

한다더니 연락 끊고 전화도 안 받아

믿어달라고 두 손 비비며 믿어만 달라고 해 놓고서

알아봤더니 양다리 걸치는 중이더라

믿었던 나난 바보야 철석같이 믿은 난 바보천치야

믿어라 무조건 믿으랄 때 알아봤어야 했는데

날 봐 주지 않으니

마음속에 구석 구석마다 웃음을 심어 주던 당신이

떠난다니 하염없이 눈물만 흘러요

가슴속에 여기저기 깊이 사랑 심고서 떠난다니요

아려오는 속가슴에다 목이 매여요

떠나려면 마음속에 심고 가슴속에 담지나 말던지

웃어 주던 당신 모습이 날 봐 주지 않으니

가슴속에 담아둔 인연이라도

외로움 주고 떠난 사람인데 잊어버려

다시 못 오는 사람이야 강물이 돌아올 수가 없듯이

속가슴 쓰려도 잊어버려 싫다고 떠난 사람인데

령을 넘는 구름이듯이 떠나 버렸는데

사랑마저도 그런다잖아 한 번 떠나면 그만인 것을

마음속에 가슴속에 담아 둔 인연이라도

사랑이 요럴 줄 몰라

가슴 쓰린 외로움은 왜 만들어 놓고 안절부절해

견디지 못할 걸 예상마저 못 했을까

좋았을 땐 몰랐고 사랑할 땐 더더욱 생각조차도

못 했는데 사랑은 졸졸 흐르다 멈춰도

무지개와도 꼭 닮았다더라 사랑 올가미 풀어지면

허상인데 정이란 요럴 줄 몰랐다 생각지도 못해

챗지피티

나 대신 공부 챗지피티가 하고 논문도 챗지피티

써 주는데 똑똑한 쳇도 사랑은 못하나 봐

대화 나누다 보면 말실수 행동 실수투성이뿐이니

어떤 땐 야단맞다 데이트 끝나는데

내 머릿속에 챗지피티 심을까 구박만은 피하게

아무튼 허망한 인생사 사랑만은 마음 가슴이지

너라면 지쳐도 좋아

넌 흔들린 속마음을 잘 알면서 왜 왜 안 품어 주는데

혹여나 탈 날까 봐 망설여져 걱정 마

세상에 너라면 난 믿는데 망가지고 뒤집혀도 좋아

얼마든지 날 속여도 난 널 믿으니까

망설이지 말고 뒷감당 걱정도 말고 흔들린 마음들도

품어 주면 해 너라면 지쳐도 좋아 진심이야

내 사랑 포수야

그 한 사람이 툭 던져 놓은 사랑 미끼 꽉꽉 물었더니

딱 걸렸다 초범인지 재범인지 몰라도

가슴속에 우러난 곱디고운 사랑의 싹 튀어나 볼까

누가 뭐래도 그 사람 내 사랑 포수야

버리자니 준 사랑이 아깝고 가지자니 버겁지만은

아무렴 내 인생 포수야 내 사랑 포수야

제발 삐죽거리지 말고

받아 주려면 이왕에 받아 주려면 삐죽거리지 말고

받아 줘 티 내며 받아 주면 뭐가 달라져

저 태양은 아침에 떠올랐다 질 때까지 변함없는데

막는다고 못 오고 잡는다고 머무느냐

사랑할 거면 이왕에 좋아하려면 삐죽거리지 말고

웃으며 받아 줘라 제발 삐죽거리지 말고

영롱한 진주 사랑 원했는데

마음도 주고 정주며 진주처럼 영롱한 사랑만을

원했지만 꿈꾸던 그 사랑이 날 울려요

쏟아지는 사랑 폭탄에 새콤달콤 깨가 쏟아질 줄

알았는데 개천에서 용 나기는 쉽잖아

좋을 땐 간 쓸개 다 빼서 줄 것 같더니만

시들시들 시들어져 가 영롱한 진주 사랑 원했는데

사랑받고 살지요

나 어린 시절에 언제나 활달하면서 명랑한마음에
꿈도 많았는데 사랑 만나서 고민이 깊어져
나 젊은 시절 못할 게 없다고 자만하며
탱크처럼 밀어붙이고 살면서 오묘한 한 사람 만나
의지해 살다 보니 양보해 가며 살았으며
세상 어울림에 살고 삶도 느끼며 사랑받고 살지요

사랑 씨앗 열매니까

정성 들여 심은 사랑 씨앗 열매가 토실토실 익지만
대충 심으면 잎이 피기 전에 시들어져
칠년대한 가뭄에도 사랑의 꽃은 어김없이 피는데
사랑 씨앗 대충대충 심으면 피겠느냐
인생 씨앗에 사랑 씨앗도 가꾸다 보면 꽃잎 열매가
맺혀지다 열리겠지 사랑 씨앗 열매니까

안개처럼 사라질까 두려워

어떤 땐 난 그대가 새벽안개처럼 사라질까 두려워

그대의 모습 꿈속에서도 안 보이면

깨는 꿈인데도 벌떡 일어나 이마에 맺어진 식은땀

닦을 땐 허전한 가슴속 허망하다가도

포기란 못 하지요 그대가 내 품 안에 잠들 때까지는

밤마다 새벽녘 안개처럼 사라질까 두려워

앞서가도 모르고

코 골고 잠자는데 인연 어디 소나기 오듯이 우두둑

떨어지나 좌우 살피다 보면 눈에 띄겠지

길 걸어도 목석같이 걷지 마 살랑살랑 나비가 날듯

걸어 봐 시들던 장미꽃도 활짝 필 거야

사랑 날개 날 수도 있고 떨어질 수 있는 거라더라

앞서가도 모르고 뒤따라가도 모르니까

진심 하나 툭 던져 봐

날 좋아한다면 묻지도 말고 따지지 말고

진정하나 툭 던져 봐 마음 변해 받아 줄지 누가 아나

너 내가 정말로 좋으면 미루지 말고

이참에 진심 들고 고백해 봐 받아 줄지 누가 아냐고

진짜 좋으면 못할 게 뭐야 꽂혀 버린 가슴인데

못할 게 뭐 있어 큰 마음 먹고 진심 하나 툭 던져 봐

진정 하나 가져오면 열리니까

너 그런 마인드 가지고 내 맘을 열려고 생각했다면

큰 착각이지 내 맘 열려면 비밀번호쯤

알아야 하니까 너 그런 허접스런 생각 하나 가지고

내 가슴 열 수 있다는 착각은 너 맘이지만

열지 못하게 저장했는데 내 맘 열려면 비밀번호쯤

알고 있어야지 진심 하나 가져오면 열리니까

못난이 도리도리야

소낙비에 천둥 치니까 저 하늘이 무섭지도 않느냐

너 넌 사랑 약속 그렇게 어기고도 어쩜

목구멍에 밥이 넘어가나 아니면 아니라 솔직하게

말해 주면 어때서 이해라도 하잖아

이래도 도리도리 저래도 도리도리 뭐 하는 짓이냐

못난이 도리도리야 이 못난이 도리도리야

단 한 번만이라도 변해 주오

머릿속에 먹물만 들어있고 마음속 심술보뿐인지

입 열면 거짓말 사과란 죽어도 안 하고

밀어붙이는 생각들만 가슴속에 꼭 껴안고 살려는

사람아 세월은 흐르는데 당신 그대로

세상 변해 가는데 당신은 그대로니 속가슴이 터져

변해 주오 변해 주오 단 한 번만이라도 변해 주오

사랑 열매 빨갛게 익어 가겠지

착하고도 선하단 아름다운 당신 마음 내 가슴속에

담는다면 사랑 열매 빨갛게 열리겠지

나 우직한 배짱 빈틈없는 짜임새로 그대 가슴속에

사랑 심는다면 웃음 품고 잘도 살겠지

당신 마음 받아 주고 가슴속에 살며시 품어 준다면

아마도 우리의 사랑 열매 빨갛게 익어 가겠지

봄날이면 돌아오겠지

낙엽들이 떨어지고 앙상한 가지에는 찬바람만이

스쳐 갈 때쯤 가슴속 사랑도 식어져 가

가을비들은 피하려 드는데 어김없이 뿌려져지는

쌀쌀한 가을비 속에 유유히 떠난 사람아

단풍잎이 떨어지면 너무나도 싫다던 그 사람마저

날 버린 사람이지만 봄날이면 돌아오겠지

그대의 생각은 어때

네가 내 옆에 오는 걸 막지는 않기로 마음먹어도

이르면 이를수록 좋고 늦어도 좋아

난 그대의 마음속에 사랑 파묻고 그대 가슴팍에

기댈 수만 있다면 시련도 감내하리

그대와 마주 보며 사랑가 읊으며 잠들 수 있다면

행복의 꿈도 이뤄지는데 그대의 생각은 어때

사랑꾼은 왜 없나

무리인 줄 알면서 뼈개질 줄 알면서 놓지를 않는

사람아 새벽녘 밤잠 설치며 뜬눈에도

떠날 줄을 알면서 못 볼 줄 알면서 가슴속 깊이도

품었다지만 이별이라면 잊어야지만

구름 사랑이라고 강물 사랑이라고들 사랑꾼들은

다 알면서 날 품어 줄 사랑꾼은 왜 없나

한도 많은 사랑이라잖아

세월들 따라 봄 여름 가을 겨울 오고 가는데

인생이 뭐 별거더냐 울다가도 웃는 인생이지 뭐

요지경 속에 살다 보면 섭섭다가 실망뿐인 사랑도

토라졌다가 되돌아와서 웃기도 하지

헤어졌다 또 만나면 신사랑 죽어도 못 헤어지면

파뿌리 사랑에 한들도 많은 사랑이라잖아

마음고생 많았다

내가 너 앞에서 하고픈 말 한마디 딱 하고픈 말은

지극 정성 사랑한다고 고백하고파도

숙기가 없어 사랑해 털어놓지 못하고 가슴속에

담으려도 안달이 나서 고백하는데

눈빛 마주칠 땐 가슴속이 마구마구 울렁거려도

마음속에 설렘을 참느라 마음고생 많았다

품고 갈 사랑이더냐

끌고 갈거나 안고 갈거나 망설이는 이 마음속을

그 사람이 알까 넘어질까 비에 젖을까

안절부절 헛갈리는 이내 가슴속을 그 누가 알까

버리자니 아깝고 업자니 힘에 부쳐도

천금보다 귀한 이내 사랑인데 난 어쩌면 좋을까

버려야 할 사랑이냐 품고 갈 사랑이더냐

내 사랑 핸들까지 다 주고 말았지

좋아서 아껴온 사랑인데 내가 사랑 핸들이라며

사랑 핸들 자기가 잡아야만 한다나 뭐

자기 손을 벗어나면 불안불안하다며 사랑 핸들

자기 잡자니 좌우 살피랴 후미 챙기랴

정신없어도 사랑 핸들 자기가 잡아야 한다기에

인생 핸들 내 사랑 핸들까지 다 주고 말았지

사랑 추억들 펼쳐 본다

내 너널 수 없이도 미워했는데 시간들이 흘러가고

지나다 보니 오해와 질투가 부끄러워

언젠가 만나면 사과하려고 미뤄 왔는데 미안하고

인연만은 거스르는 게 아니라는데

한때는 비켜 간 인연에다가 사랑 놓쳐 버렸는데도

못 잊어서 밤이면 사랑 추억들 펼쳐 본다

인생 오작교가 놓아지겠지

당신이 스쳐 가는 그 느낌을 나 아니면 누가 알까

나만 알지 멀어지는 뒷모습 바라보며

돌아선 사나이 가슴속 활활 타다 남은 미련 숨길

옷깃을 여미며 터벅대는 발길에는

만남이 있다면 사랑도 있고 그리움이 엉켜지면

꿈속에라도 인생 오작교가 놓아지겠지

사랑이 뭔 도피처냐

너 날 사랑한다고 수없이 고백하지만

난 너의 속내를 다 알아 골때리는 막다른 길의

도피처란 걸 날 꼬드기며 나 없인 못 산다지만

그 검은 속내 난 알아 심심풀이로 때우려는

도피처더냐 구름이 몰려와야 비도 내리는 거잖아

사랑이 뭔 쉼터더냐 사랑이 뭔 도피처냐

인간은 특종 동물이야

눈빛의 설렘에 푹 젖고 눈빛 스파크에 감전되고

멀쩡히 길 가다가 발 밟아도 죄송해

그 한마디에 속가슴 전율에 빨려들 때도 있지만

인간들이란 세상 동물들 중에서도

계산까지 잘하는 동물 중에도 특종 동물이니까

꾀도 많고 변덕스런 인간은 특종 동물이야

문 틈으로 본 거냐

남들은 우릴 보고서 밥 먹고 차 마시고 팔짱 끼고

웃는 걸 부러워서 행복이 넘친다지만

아니라니까 과대평가야 밤이면 미소에 와인잔

부딪치며 눈가 웃음 정열 폭탄 던지면

무지개 인생에 여의주 인생이라며 키득거리던데

억측과 추측일 뿐이야 문 틈으로 본 거냐

찐 사랑 옛말이고

사랑의 꽃이 제아무리 곱다 해도 반백 년 못가니

티격태격 다투지 말고 웃으며 살자

강산도 변한다는 수십 년 넘어서니 사랑 땜질로

채워지고 찐 사랑 옛말에 추억일 뿐

인생 꽃이 사랑 꽃이 곱다 한들 반백 년을 넘으니

찐 사랑 옛말이고 세월만이 같이 가자네

누가 행복 거저 주느냐

누구나 행복 추구하며 건강하게 살고 싶은 희망

인생 행복이란 마음속에 있다는데

재물 많아 행복하고 명예가 높다고 행복하냐고

누가 그러나 행복 마음속에 있는걸

누가 행복 거저 주느냐 거절해도 불행은 오는 것

행복도 마음먹기 나름 불행도 생각하기 나름

옆구리 툭 치며

옆구리 툭 처가며 마음마저 훔쳐 가더니

멀리 멀리도 떠난 사람인데 밤이면 자꾸만 떠올라

손 한번 못 잡고 윙크도 못 해본 사람

머릿속에 자꾸만 맴돌까 착각이듯 자꾸만 맴돌까

옆구리 툭 치며 설레게 한사람아

왜 자꾸 자꾸만 머릿속에 떠올라 가슴속에 맴돌아

당신만 믿고 믿었는데

믿고 믿었는데 당신 하나 믿고 철석같이 믿었는데

구렁이 담 넘어가듯 배신 때릴 줄 몰랐다

하늘이 무너진대도 바다가 갈라진대도

당신만은 꼭 믿었는데 날 버리고 떠날 줄은 몰랐소

물기 하나 없이 자란 식물들이 없듯이

진심 어린 참사랑에 싹트는 당신만 믿고 믿었는데

마음속 다듬어 가요

너와 나 마음 주고받고 싶지만 가슴이 안 열리니

어떡해 아쉬움 있어도 미루면 어떨지

나 속가슴 열고 싶지만 상큼한 마음이 안 가는데

서두를게 뭐가 있어 앞날이 창창한데

마음속 녹을 때까지 속가슴 열릴 때까지 기다려

속가슴이 데워지도록 마음속 다듬어 가요

굴레 속 벗어날 수 있을까

머물지 말자 마음 하나는 허전해도 기대지 말자고

그대 가슴에 머물다 보면 사랑에 얽여져 가

헤어지려면 후회가 발목 잡잖아 외로움 이겨 내고

속가슴 쓰려도 못 털어내면 정들어 못 떠나

마음 약해 못 떠나면 가슴팍 쥐어짜며 후회잖아요

어떡하면 그대의 굴레 속 벗어날 수 있을까

끈끈이 정 때문이야

보내려고 했는데 보내 주려고 했는데

보내지 못한 게 일생 가슴에 숨은 정속 똬리 틀어

아쉬움 그리움 때문인지 마음도 주고

사랑이 준 상처가 아물기 전에 덧나기 때문이야

잊으려고 했지만 접으려고 했지만은

잊고 접지 못한 게 들러붙은 끈끈이 정 때문이야

기다림은 길어도 사랑은 짧은데

가을 멍석에 태양초 말리듯이 사랑들이 새빨갛게

익히려 하는데 닫힌 속마음 열지 않소

천고마비의 가을밤 깨 쏟아지게 사랑하고 싶은데

눈치는 삶아 놨소 속가슴 왜 열지 않소

이렇게 못 살겠소 이렇게 못 견디겠소

언제까지 이러기요 기다림 길어도 사랑은 짧은데

너 모양새 보고

너 날 어찌할 건데 이제 와 날 이대로 방치하려고

똑 부러지게 말해 봐 솔직하게 말해 봐

말도 안 되는 핑계 대지 말고 너 이제 어쩔 거냐고

속 시원하게 다 툭 까놓고서 털어놔 봐

이제 와 날 어쩔 건데 똑 부러지게 말해 보라니까

너 하는 모양새 보고 내 마음을 정하려고

하늘처럼 늘 섬겨 나가리라

당신이 날 아낌없이 다 품어 준다기에

하늘이듯이 믿었는데 내 어이 섬기길 주저했겠소

밤낮 아껴 주며 아름다운 쌍무지개 듯

당신만을 섬겨가며 서쪽 해 뜨고 동쪽에 저물어도

당신이 옆에 있는데 나를 지켜 주는데

더 바랄 게 뭐가 있으랴 하늘처럼 늘 섬겨 나가리라

사랑한다고 말해 줘 봐요

나난 한 번만 단 한 번만이라도 너만큼은 뜨겁게

사랑할 거니 내게로 와 봐 받아 줄 거니

장난이라도 좋아 고의라도 좋아 단 한 번이라도

너 나만 좋아한다고 한마디만 말해 봐

가짜라도 웃으며 받아 줄라니까 빈말도 좋아요

속여도 난 좋아요 사랑한다고 말해 줘 봐요

불안 속에 서먹서먹해

그대 나 사이 만날 때마다 왜 이리도 서먹서먹해

그대 만나기 전엔 그리움도 많았는데

막상 늘 만나면 왜 서먹서먹해 이유 모르겠는데

눈빛부터가 살얼음판 걷는 기분이니

과거엔 이런 일 없었는데 요즘 만나도 어색하고

첫 대화부터 불안불안 속에 서먹서먹해

살판 나고 살맛 나요

살판 나고 살맛 나요 당신 만나고부터

살판 나고 살맛 나요 우울한 마음은 다 유실되고

어화둥둥 내 사랑 살판 나고 살맛 나요

온종일 살판 나고 살맛 나요당신 땜에 행복해요

답답한 속가슴 뻥뻥 뚫리고 살판 나고 살맛 나

석양에도 웃음꽃 피니 살판 나고 살맛 나요

사랑 미달에 넌 미달이야

미달이야 넌 미달이야 성능미달에 행동 미달이야

날 속이려고 잔머리 굴린 넌 미달이야

넌 진짜 미달 진실 하나면 해결되는데 잔머리 굴려

반성은 않고 애쓰니까 진짜 미달이지

백 년 가도 천 년 가도 넌 미달이야 영원한 미달이야

마음 미달에 사랑 미달에 넌 미달이야

이 내 심정 누가 알라나

너와 나 아름다움에 그리움 싸 들고 다니던 시절아

생각해 봐 빨갛게 불타던 사랑 기억들

해 보라니까 가면 갈수록 억울하고도 가면 갈수록

분통 터진 가슴앓이 눈물 타 마셔야 해

붙잡지도 못하고 보내는 이 내 심정 하늘이 알라나

땅이 알라나 울먹이는 이 내 심정 누가 알라나

결혼은 사랑 등기권리증

히죽거리며 무시해도 아무런 탈 한번 안 났으니까

뺏어가 떼먹어도 아무런 일이 없다고

장난쳐 가며 사랑해 보니 맘이 편드나 떼먹는 것도

자유고 되돌려주는 것도 너 맘이지만

그렇게 사랑해서 얻다 쓰려고 사랑 미래 계약서고

결혼은 사랑 등기권리증이야 착각 마시라

꼼수인지도 몰라

그녀의 유난이 반짝반짝 빛나는 그 눈동자 속에는

진심이 철철 넘쳐 날 것만 같기도 하고

한편으론 능글맞게 히죽히죽대며 웃는 것 같은데

열 번 찍어 안 넘어가나 보자 생각하다가

꼼수인지 몰라도 속가슴이 타는 마음인데 어떻게

믿느냐 마느냐 꼼수인지도 몰라 난 어떡해

더더욱 행복하니까

소낙비 내려도 비 맞으며 당신과 걷고만 싶어지니

하늘이 통곡하고 지구가 발버둥쳐도

당신과 나 변하면 안 돼요 함박눈 펑펑 쏟아진대도

함박눈 맞은 채 팔짱 끼고 걷고 싶어져

잡생각들이 쌓여진대도 당신 앞에선 녹아내려요

깊은 정 쌓이면 쌓일수록 더더욱 행복하니까

용리단의 밤이여

신용산역 일 번 출구 우체국 돌아서면 용리단 길목

그대와 손잡고 맛집 찾아 헤매던 길목

용리단의 길목 오늘 밤도 맛집 로고가 반겨 주는데

두 손 잡고 걸었던 그 사람 어디로 가고

외로움 들러붙은 용리단길 북적대던 네온 거리엔

자정 넘은 용리단의 길목 용리단의 밤이여

언젠간 날 찾아오겠지

꿈속을 헤매며 사랑이 지쳐 가도 언젠가 그 사람이

날 받아 주겠지 내 마음을 이해하겠지

부끄러워 말 못 하고 구름을 보내듯이 떠나보내고

후회 눈물에 고뇌 안다면 이해하겠지

숫기도 없는 이내 마음 알라나 타드는 가슴속까지

그 사람이 안다면 언젠간 날 찾아오겠지

천생연분 꿩 먹고 알 먹고

뜬구름인 당신의 마음잡을 수만 있다면

하늘도 날 수 있고요 어깨 날개를 달고 날아가고파

흘러가는 저 강물들을 그대 가슴속에

가둬 둘 수만 있다면 가슴 호수에 뱃놀이하고 싶소

가슴 깊이에 내 마음속을 받아 주시면

당신과 나 꿩 먹고 알 먹고 천생연분 꿩 먹고 알 먹고

계산기 두드리지 마

아래위로 좌우로 눈동자 굴리지 마소

아무리 꼬서 대도 넘어가나 좋으면 솔직히 털어놔

요리조리 계산기 두드리며 머리 굴리지 마

까놓고 털어놔 받아 줄게 사랑 계산기로 착각하면

벌 받는다 아래위 좌우로 계산기 쓰지 마

계산기 두드리지 마라 사랑을 누가 그냥 주느냐고

꼬이고 꼬여지는지

세월들 따라서 살다가 보면 궂은일에 좋은 일도

흔하지만 코앞에 꼬이는 일이 많은지

세상에 살자니 걸그적거리는 게 한두 가지더냐

빨갛게 익히려면 이별들이 찾아오고

더위 피해 계곡에 갔더니 소낙비 홍수 물난리니

인생살이 왜 이리 꼬이고 꼬여지는지

서둘다가 부서진 사랑의 꿈

헤어짐이 어떠냐고 툭 던져주는 그 말 한마디에

큰 충격에 사랑도 무너져 꿈마저도 다 무너져

반짝반짝 빛나던 눈빛마저도 희미해

머리통 멍멍해 정신 차리려니 뇌리 스치는 순간

차라리 말 걸 매달린 게 사랑 역행인가

서둘다가 부서진 사랑의 꿈 사라진 인생 꿈이여

정 주지나 말걸

짧게만 느껴지는 이 한밤이 지새고 나면

떠나는 사람아 붙잡아 두고 묶어둘 수 없다 하지만

하루라도 더 옆에다 두고는 싶지만

밥 한 끼도 더 먹이고픈 마음뿐인데 매달린 날 두고

떠난다니 인연 요리 짧은 줄 몰랐고

사랑빈자리 허전할 줄이야 떠나는데 정 주지 말걸

미워한 적도 한 번 없었고 오직 그리워했을 뿐인데

속가슴에 와닿는 이내 기분 방임이요

마음에 새겨 두고 가슴속에 담아서 사랑했다지만

빛 좋은 개살구로 보여요 표현도 없는

그대 마음속에 새겨 두고 살았다지만 다 핑계잖아

내 마음속은 믿기지 않는 서툰 핑계뿐이요

사랑에 데었던지 미달이냐고

소중히 아끼던 고운 순정 아무나 줄 수가 없으니

당신께 주려고요 고이 간직 해 왔는데

당신이 안받아 주면 기다린 난 어떻게 하냐고요

눈치가 없나요 혹시나 머저린가요

오래도록 기다린 나난 뭔가요 정말 진짜 싫지가

않다면 사랑에 데었던지 미달이냐고

그대 때문에 행복한데

없다면 옆에 그대 없다면 새콤달콤 사랑도 없지

가슴속에 찡하게 주고받지도 못하지

아니면 세상에 그대가 아니면 새록새록 정까지

쌓여지나 끈끈이 고운 정 못 나누지

공기와 의식주같이 좋아하는 그대가 없었다면

난 어떡해요 그대 때문에 행복한데

답답한 가슴뿐이요

당신은 야속하게 사랑 봇짐 하나 싸 들고 떠나면

끝이지만 난 허우적대며 속가슴 타지

두드려 봐도 쓸쓸한 빈 가슴에다가 헛간뿐이니

한때는 웃고 울어도 생기가 넘쳤는데

기대 볼 곳조차도 없는 마음속은 허허벌판인데

접어야 하나 묻어야 하나 답답한 가슴뿐이요

사랑한 날들이 얼만데

나 널 쫓아다니다 허탕치고 돌아선 날이 얼만데

내가 널 좋아하며 사랑한 날 얼만데

넌 내게 관심도 없이 그저 지나가는 동네사람들

취급하는데 난 너에 환심 사고 싶고

먼발치서 바라만보며 타들어 가는 두 속가슴을

쥐어짜도 넌 몰랐지 사랑한 날들이 얼만데

한남동 그 사내

한남동 산다는 핸섬한 그 남자 외모만 출출한 게

절대아냐 인사성에 지성미도 넘쳐나

볼 때마다 싱글벙글 웃음으로 날 현혹한 남자야

자꾸 만나다 보니 더더욱 가까워져

블랙 스포츠카 몰고 다니는 남자 여심을 울리는

그 남자 핸섬한 그 남자 한남동 그 사내

인생 청량제야

마음 착한 당신은 가마솥에 콩닥콩닥 구수하게

끓어 대는 사랑 곰국에 인생 곰국이야

잘하면 칭찬에 못해도 빙그레 웃어 주는 그 모습

어떤 땐 간 쓸개 없어 보여도 착한 마음

나만의 당신 무쇠가마솥에 콩닥콩닥 끓어 대는

당신 오직 사랑 곰국에 인생 청량제야

저 하늘에다 펼쳐 두고파

저 하늘 창공을 질주하는 저 뭉게구름이

내 마음속을 알려나 서러워서 울고 그리워서 울다

외로워도 그대와 추억 하늘에 수놓아

견뎌 온 세월들이 그 얼마인데 소슬바람만 스쳐도

그대 모습들 떠올라 추억에 묻었다가

가슴속에 담았는데 넓은 저 하늘에다 펼쳐 두고파

1.2 내 눈동자에

1.2 눈동자 놀라게 하고 눈동자 깜짝 놀래 놓더니

어쩌면 백 일 못 가 눈가 눈물 고이게 해

철석같던 마음도 훔쳐 차 돌덩이 가슴속 파고들어

백 일 못 가 가슴속에 상처만 남기러나

빛나는 눈동자 놀라게 하더니 순진 마음도 훔쳐 가

정정한 1.2 내 눈동자에 눈물이 고여요

내게로 온다는 거니

내 속마음 모르면서 아무것도 모르며 왜 온다고

알기는 쉬워도 잊기란 힘이 든다는데

처지도 모르면서 아무것도 모르며 들이대느냐

시작은 쉬워도 헤어지기 쉽지가 않아

쌉쓸하기도 하고 달콤하기도 하단 사랑 아는지

마음조차 모르면서 내게로 온다는 거니

못 잊어 불러본 이름이여

못 잊어서 기다리다 못 잊어 불러도 대답이 없는

그 이름 언제까지 가슴속 담아야 해

마음속에 아련하고 가슴속에 사무쳐도 못 만날

그 사람인데 그리워하며 견뎌야 해

세월은 흐르고 세상이 변하는데 내 속마음만은

그대로인데 못 잊어 불러본 이름이여

아늑한 당신 품안에

아침햇살 번져 드는 저 넓디넓은 초원은 포근한

당신 마음에 밝게 웃어 주는 모습이지

붉은 저녁노을이 서산 넘을 땐 뜨거운 당신 모습

눈떠도 포근하고 감아도 아늑한 당신

당신 품속에 이대로 영원하게 잠들고만 싶은데

아늑한 당신 품안에 영영 잠들고 싶어라

우릴 보고 일심동체라지

당신 눈물은 슬픔속의 눈물이고 내 눈가에 눈물은

제발 빗물이라고 착각하지는 마셔요

흐느끼는 당신 마음 울림에도 속가슴이 저려 오고

일심동체에 숨소리만 들어도 청진기

일심동체 우릴 두고 하는 말인데 당신 슬픔 아픔에

내 슬픔 아픔이니 우릴 보고 일심동체라지

그대와 나처럼

나 그대 고운 마음을 가슴속 영원히 묻어 둔다면

한평생 영원하게 행복할 수 있겠지

내 마음 이대로 변함없는 그대 가슴에 담는다면

더 이상 행복들은 논할 수가 없겠지

그대가 날 믿고 받아 준다면 다복한 인생이겠지

행복이란 바로 이거야 그대와 나처럼

상판대기는 굿인데

넌 눈높이가 어디까지냐 맘속 깊이가 어디까지냐
왜 이래 난 어디다 내놔도 마음 하나는
흠집이란 잡히지 않았고 그 제주까지 상큼하다고
개콘 나가 보라는 사람들도 많았는데
왜 이래 아이큐가 백오십이 넘은 적까지 있었는데
넌 욕심이 피해망상중이야 상판대기는 굿인데

울적한 마음 외로운 속가슴

울적한 마음 달래려고 포장마차 한잔 술 걸치는데
고개 숙여져 흐느끼며 빈 잔 움켜쥐고
중얼거리는 참한 여인아 내가 보기엔 멀쩡한데도
외로워 우나 서러워 우는지는 몰라도
외로움 술잔에 타 마시고 서러움 눈물로 흘려 버려
울적한 마음 외로운 속가슴 인생의 삶이지

잊고 버려야 한다지

주고파도 못 주고 받고파도 못 받는데 어떡해요

하늘 원망하며 신세타령하면 어떡해

가질 수 없고 버릴 수 없는데 가슴속에 묻어 버려

잊자니 마음 걸려 버리면 가슴에 남아

이러지도 저러지도 못한 쌓이고 쌓인 사랑의 꿈

그리움들은 언젠가 잊고 버려야 한다지

꾸물대지도 말고

꾸물대지도 말고 머뭇거리지 말고

문제없으면 다가와 어설프게 꿈속 착각도 말고

받아 주려는데 길게 끌다간 큰코다쳐

변하는 마음인데 우물쭈물 꼼수 부리다 놓쳐요

여자 마음 날개에다 달리기 육상선수

꾸물대지도 말고 머뭇거리지 말고 내게로 와봐

혼자서도 짝사랑할 거야

세월이 날 버리더니 세상도 날 버리고 나더니만

그 님마저 날 버렸소 그 님이 머물던

언덕배기 막다른 골목 며칠 서성이며 기다려도

가려진 커튼 컴컴한 창 속 적막감에

힘 빠진 발걸음 휘청거려도 죽어도 포기는 없다

세월들 따라 그 님이 날 속여도

나난 포기란 없다고 혼자서도 짝사랑할 거야

어라 못난이 사내야

애원하며 나 좋다며 시도 때도 없이 매달리더니

밴댕이 속이라든가 사랑이란 시들면

정으로 버텨야지 못난이 사내야 하늘 땅 뒤져 봐

이런 여자 있나 가슴 열고 받아 준 여자

나 좋다고 죽자 살자 매달리더니 번갯불 콩 굽듯

사랑하느냐고 어라 못난이 사내야

도란도란 살아야지

오묘한 세상에 태어나 도란도란 웃어 가며

오순도순 살자고요 아등바등 돈돈 타령에 살려나

세월 따라 어우러져 하하 호호 웃어가며

티격태격 다투며 살 게 뭐 있어 출생이 행운이거늘

싱글벙글 웃으며 살자 그 누가 뭐라던

지지고 볶아가며 살지 마라 도란도란 살아 가야지

오직 사내이니까

저 구름을 잡으려면 하늘에 올라야 하고

저 사람을 어찌 잡을까 잡지도 못할 인연이라면

보내야지 못 오르면 처다 보지 말래도

사내 고집에 마음먹고 꽂히면 천 번 만 번 올라야지

고래잡이는 바다로 사랑 붙잡으려면

사나이 자존심마저 버려야 한다지 오직 사내이니까

이대론 싫으니까

너는 지금 별거가 없고 평범하지만 처음 만날 땐

눈빛이 유난히 빛나 내 마음 흔들더니

그 마음씨 왜 오래가지 못하고 진저리가 나는지

시들시들 식으니 또다시 되살려 볼까

고민되는데 네게 묻고 싶지만 속마음 상할까 봐

조심스러워 무의미한 이대론 싫으니까

스쳐 가는 소슬 바람인가

그대나 사이가 뜬구름에 소슬 바람인가

알 수 없지만 오늘 반갑다가 내일 미울지도 몰라

나 그대 사이 현실인지 꿈인지 아리송해

어제는 믿고 싶었는데 오늘 왜 이러지 나도 몰라요

사랑 속내 오늘 어제 다르다고 말들 하더니

떨어지는 낙엽인가 몰래 스쳐 가는 소슬 바람인가

부풀려진 인생살이지

하늘 떠 가는 아름다운 구름은 붙잡아 둘 수 없지만

마음속에 가슴속에다 담아는 두잖아

좋다가 미워지고 미웠다 좋아지는 그대와 나와의

추억 사연 꽁꽁 묶어 두면 행복하겠지

떨어져 가는 낙엽 인생인데 천년만년을 살려고 해

욕심내 봐야 세상살이 부풀려진 인생살이지

젊음은 사그라져 가

팔팔하던 내 청춘이 불러 봐도 대답조차 없다는데

세월에 파묻혀도 청춘은 살아 있다고

발버둥 치며 큰소리쳐도 목구멍만이 아플 뿐이지

허송세월에 묻을까 추억에다 묻을까

젊음들 허공에 날리고 뭘 잘했다고 큰소리치다가

꿈에서 깨니 청춘은 저물고 젊음은 사그라져 가

속마음쯤은 알겠지

멀리멀리 저 멀리로 떨어져도 마음속은 늘 그대의

가슴속에 오래도록 파묻고 싶은데

오랜 세월 동안 헤어져도 온정만큼은 그대에게만

남겨두고파 닳아질까 으께질라 고심

혹여나 이내 마음속을 아는지 가슴속이 답답해져

그 사람도 이제 애타는 속마음쯤은 알겠지

추억속의 사랑 조각뿐

내다 버리려도 숨기려도 어쩔 수 없는

그대와 나의 추억 속 사랑 조각 강물에 띄워 보려도

가슴속에 숨겨진 추억에 푹 빠지는데

푹 빠진 사랑인지 감추려해도 달아난 추억 속 사랑은

언덕 위에 앉아 조개구름 바라보면서

세월 흘어가도 가슴속에 남은 건 추억속의 조각뿐

오락가락하지 마세요

왔다 갔다 하는 사랑하라면 난 싫은데

오려면 오던지 가려면 가든지 사내라면 화끈하게

툭 까놓고 말해 오락가락 딱 질색이야

접든지 말든지 까놓고 말해 봐 사랑 시작 왔다 갔다

장난치지 마라 오다 말면 딱 질색이야

부탁이야 제발 오락가락하지 마세요 질색이야

마음속은 그대로인데 어때서

발길을 멈추고 눈치 보며 머뭇거려도 붙잡지 않아

떠난 뒤에 돌아서서 후회하면 뭐 해요

슬픈 눈빛도 감추면서 은근슬쩍 모른 척한 못난이

몰래 떠나지 마 말 한마디가 뭐 힘들어

몸은 떠나도 마음속에 가슴속에 머무는데 어때서

세월은 흘러도 마음속은 그대로인데 어때서

그대가 왜 날 흔드나

지친 몸을 가누지 못해 바람에 갈대처럼 흔들려도

그대 위한 마음 변함없고 머물 곳 없어도

이곳저곳 헤매며 모진 고통에도 난 잊은 적 없었고

그대 뭐기에 속가슴을 태우나 지친 몸

가누지 못해도 모진 바람결에 갈대이듯 흔들려도

마음만은 변함없는데 그대가 왜 날 흔드나

마음 가슴 열고 실토했노라

그대 처음 만날 때는 답답해 뜨뜻미지근한 느낌에

그럭저럭 만나다 보니 마음이 쏠렸고

요것 저것 이해하다 보니 미운 구석이 없어져 가고

단 하루만 못 봐도 그리움이 쌓여져 가

뜨뜻미지근함에도 사랑하다 보니 행복도 익어가

끈질긴 사랑에 마음 가슴 열고 실토했노라

내 품안에 안겨 봐

이것저것 따지지 마라 요것조것 따지다 보면

헛갈릴 때도 있잖아 따지지 말고 내 품안에 안겨 봐

후회도 없고 아마 양어깨 날개 돋아나

소낙비에도 태양 뜨니까 내게 와봐 행복 새록새록

돋아나지 따지지 말고 내 품안에 안겨 봐

사랑에 취하고 행복에 젖어지게 내 품에 안겨 봐

안 될게 뭐 있어

너와 나 오늘 같은 기분이면 너와 나 지금이 같은

마음이라면 하늘 날고 바다도 건너지

너와 나 못할 게 뭐야 못할 말 뭐야 집도 뚝딱 짓고

아들딸도 뚝딱 낳고 웃음꽃이 피겠지

행복은 그려지는 묵화일 뿐이야 못 할게 뭐가 있어

당신과 나 못할 일 뭐 있어 안 될게 뭐 있어

언젠가 저물어 가는 걸

나도 가고 당신도 가고 언젠가는 떠나야 할 인생길
너무 슬퍼 마라 알콩달콩 살아 보고
토닥토닥 다퉈도 당신과 나의 삶 속에 웃고 울어도
누가 먼저 떠나가도 슬퍼하지는 말자
인생 노을인데 푸르던 당신 나 언젠가는 저물어 갈
노을이잖아 인생 노을 언젠가 저물어 가는 걸

퇴근길은 웃음뿐이요

퇴근길에 만난 사람 알고부터는 그리움도 알았고
가슴속에 외로움 사라지니 살맛 나고
시뿌연 인생 안개 걷히는데 우울한 마음 답답하던
속가슴도 그 사람 알고나서 맑아 오더라
가슴속 사이다에 인생길 바꿔져 퇴근길 연인 만나
외로움도 사라져 가고 퇴근길은 웃음뿐이요

어제도 미웠고 오늘도 미웠지만 포기란 난 못 해요

속마음 다지며 그대 인연 버리지 못해

저 하늘만 바라보며 삼키던 눈물은 하늘도 다 알고

땅도 아는데 너만 왜 몰라주는지 몰라

오늘도 절망인데 마음 한 번 돌려먹자 꾹꾹 참고서

어제오늘 밉지만 포기를 못하니 어쩌나

뭔 잘못들이 그리 많아서 가슴속 요리 아픔 주려나

좋아한 죄밖에 없는데 눈물 흘려야 해

좋아서 가슴속에 품었을 뿐인데 그댄 느낌도 없나

마주 보며 유리창 두드려야 열어 주나

목소리 듣고 열어주면 어때 뜸까지 들이지 말라고

살짝 문열어 주면 어때서 보이면 열어 줘야지

날 믿고 받아 주오 바램이요

날 믿어 주면 안 되니 날 받아 주면 안 되니

널 위함뿐인데 쿨하면 어때서 솔직하면 안 되겠니

가슴속마저 타는데 이 내 마음을 안다면

하늘 천사도 내려오겠다 화끈 믿어 주오 쿨하게요

받아 주오 그리도 뻐기다가는 낙동강에

오리알이 되겠는데 날 믿고들 받아 주오 바램이요

하늘처럼 늘 섬겨 가겠소

저 세월이 날 버려도 당신만은 영원히 버리지 마요

자거나 깨나 늘 나만을 좋아들 하잖소

온 세상이 다 변해도 당신 영영 변치를 말아 주소서

세상 난세에 밤낮 늘 나만 좋아하잖소

하늘이 무너져도 당신을 변함없이 늘 섬겨 가겠소

하늘에 약속했듯이 하늘처럼 늘 섬겨 가겠소

서울에 널 두고서

서울에 널 두고서 왜 떠나 봉급쟁이 별거 없다더니

이게 뭐야 지방 출장은 다반사니까

지연 학연에 줄 없으면 툭하면 지방발령 봉급쟁이

다 이러나 좋아하는 널 두고 왜 떠나

왜 헤어져 봉급쟁이 허무함이 구구절절 실감 나고

서울에 널 두고서 내가 왜 떠나야 해

남들 바람결에 구름이지만

생각지 못하던 인연 하나 만나 첫눈에 혹 가 버렸다

며칠만 못 봐도 미치겠는데 난 어떡해

그 사람 안 보이면 미치는데 그 사람 없인 못 사는데

생각지 못한 그 한 사람은 알고 봤더니

내 인생에는 길잡이야 남들 바람결에 구름이지만

내 눈에는 사랑이 듬뿍하고 가슴엔 행복뿐

한세월 메워 보려고

처음 본 당신 믿음에 고운 마음도 아낌없이 줬는데

당신 잔소리뿐 내게 해 준 게 뭐가 있소

두 번째 당신의 그림자도 따라간다는 나난 단호한

마음뿐인데 여지 침묵한 이유가 뭐요

마음이 약하나 의지가 없는지 대답이나 좀 해 봐요

이별도 못 하면 이대로 한세월 메워 보려고

후회란 말자고요

촉촉하게 젖어 드는 그대의 눈언저리에 고여지는

이슬은 잊으려는 마지막 눈물이런가

경련이듯 미세하게 떨리는 그 입술마저 마지막이

아니길 가슴 쓸어내려도 헤어진다면

만날 일들이 언제냐고 묻고 싶지만 텅 빈 가슴속에

담고 견뎌 내야지 헤어져도 후회란 말자고요

생떼 쓰더니 못 본 척해

사랑이 왜 이런데 좋을 땐 매달리며 생떼 써가며

들러붙더니 싫으면 못 본 척해 왜 이러나

죽어도 좋다 애걸복걸하더니 이제 와 외면해 가며

못 본 척하나 한때는 신난다며 싱글벙글

웃어대더니 이제 와 툭하면 짜증 내니 양심도 없나

왜 변했다 매달리며 생떼 쓰더니 못 본 척해

입이 열 개라도 말 못 하지

너 넌 요렇게 헛소리하면 나난 어떡하라고

입이 열 개라도 말 못 하지 지키지 않은 약속인데

입에 발린 거짓 말로만 눈속임뿐이지

눈앞엔 웃음꽃을 피워도 돌아서면 뒤통수치는데

너 진실이 뭐야 의도가 뭐야 진심 말해 봐

넌 진심 있기나 해 입이 열 개라도 말 못 하지

그댄 처마 끝에 고드름이냐

그대는 왜 겨울 처마 끝에 매달려진 고드름이더냐

마음도 못 잡고 들쭉날쭉 고민뿐이냐

차라리 선을 긋던지 어물쩍 그냥 넘어가려고만 해

진짜로 좋으면 피하지 마 그댄 왜 이래

처마 끝에 고드름이냐 들쭉날쭉 얼었다 녹았다 해

세월은 가는데 그댄 처마 끝에 고드름이냐

당신이 더 잘 알면서

너 때문에 살아가는 걸 누구보다도 더 잘 알면서

까칠하게 내 속 태우니 맘이 편하드나

행복이란 당신이 잘 알면서 새침 떨며 짜증 내면

맘 편해 줄까 말까 줄다리기 지겹잖나

당신한 사람 웃음 마시고 흥얼대며 살아 가는 걸

당신도 알고 있잖아 당신이 더 잘 알면서

왜 그런지 나도 모르오

나 그대 보고 싶소 꿈에도 보고만 싶소

온종일 보고 싶소 밤낮 당신을 잊은 적 없소

잠시도 당신 버린 적 없소 당신이 대답할 차례요

뜸 들이지 말고 솔직하게 말해 줘요

뭔들 못 들어 줘 한없이 보고프고 꿈에도 보고픈데

온종일 보고프니 왜 그런지 나도 모르오

좋다가 싫어도 내 여보이고

자꾸자꾸만 미워도 내 여보고 두고두고 좋아도

내 여보인데 마음속은 시큰둥해도

싱글벙글도 내 여보이고 투덜대도 내 여보이지

표현 없어도 자나 깨나 정하나 때문에

오늘과 내일이 있고 자꾸만 미워도 내 여보이고

자꾸자꾸 좋다가 싫어도 내 여보이지

질퍽한 첫사랑 늪

돌부리에 걸리듯 질퍽한 사랑의 늪에 빠졌으니

나의 뜻이 아니게 푹 빠져 버렸으니

벗어나기 힘들어지고 질퍽한 사랑의 늪 빠지면

그 사랑의 불덩이 멈출 수 없다지만

돌부리에 걸리고 사랑의 늪 걷다가 빠져 버렸어

질퍽한 첫사랑 늪 푹 빠진 사랑의 늪이여

평생 삶 속의 동반자

꿈속 사랑이 아냐 소모품도 아냐 삶 속의 동반자야

싫으면 버리고 좋으면 가져가느냐

서로 위로해 주고 손잡고 웃어 주는 삶 속의 동반자

오르막길 밀어주고 내리막길 잡아 준

삶 속의 동반자란 사랑 무지개 서로가 위로해 주는

인생 동반자 그대 와 난 평생 삶 속의 동반자

그 눈동자 잊겠느냐

마지막 흐느끼던 그대의 목소리는 긴긴 세월에다

다 파묻었어도 눈동자 속에 담았던

그대 모습들 사계절이 수없이 오고 갔어도

내 눈동자 속에 그대 모습 하나 지우지 못해서인지

마음 공허한데 어디다가 물어볼 수 없어서

넓은 가슴팍 기대 쳐다보던 그 눈동자 잊겠느냐

가슴속 콕콕 찌르나

세월 가시가 삶의 가시가 서러운 이 내 가슴속을

왜 요리도 콕콕 찌르나 뭘 잘못이 많다고

인생 가시가 사랑 가시가 마음속을 콕콕 찌르나

장마당에 펼쳐놔도 흠집 하나 없는데

마음 가슴에 품은 죄밖에 없는데 좋아한 죄 밖에

없는데 사랑 가시가 가슴속 콕콕 찌르나

칙칙한 가슴만 타는구나

강산도 변한다는 긴 세월을 좋아했어도

눈길조차도 외면하더니 싫으시면 포기나 하시지

싫든 좋든 간에 말 한마디가 없으니

뜨뜻미지근한 사람을 기다리다 청춘만 시들어 가

당신만 기다리다가 강산이 또 변하는데

버리든 가지든 지친 마음에 칙칙한 가슴만 타는구나

못 버릴 사람아

아무리 미워하려도 밉지를 않는 사람

딱 한 사람뿐인데 기막힌 사연 남모를 사연이련가

세월 가도 못 잊을 딱 한 사람뿐인데

잊자니 왜 그리도 허전하고 눈물들이 쏟아지던지

용서하자 버리면 벌 받지 사랑이 죄냐

매달린 게 죄냐 못 잊을 사람아 못 버릴 사람아

새침데기 그녀가 좋아

남들은 그녀를 보면 다들 새침데기라 흉보지만

난 싫어 내 눈엔 천사로만 보이니까요

새침하냐고요 아냐 내 눈엔 성스러워 보이는데

남들 눈 물안개 끼었나 봐 새침데기라니

입방아들 찌어도 내 눈엔 개미 허리에다 늘씬해

샘내며 어깃장 놔도 새침데기 그녀가 좋아

사랑 누구 편이냐

저 멀리 멀어지는 그리움 가슴에 안고 안절부절

그 사람 아나 모르나 안다면 배신자

섭섭하면 눈치로 쏘던지 이도 저도 아닌 눈시울은

왜 붉히며 노을에 묻히는 태양이냐

가슴 타도 뒤도 안 돌아보는구려 잘한 건 없다지만

잘못도 없는데 세상 누구 편 사랑 누구 편이냐

그대 날 두고 떠난다고

가야 하나 떠나야 하나 매달리는 날 두고 기어코

떠나야 하나 좋아 매달리는 날 두고

떠나다니 맞기도 하고 틀리기도 하지만 헷갈려

내 잘못이 뭔지도 머릿속이 복잡해

붙잡으려도 묘책이 없어 보내려니 서운함뿐인데

날 버리고 떠난다고 그대 날 두고 떠난다고

그때는 눈 감기 걸렸나 봐

눈 감기에 걸렸나 봐 좋아할 땐 천사처럼

어여쁜 모습뿐이더니 토닥토닥 다투다 보니

언제부턴가 미워져서 만나기 꺼려지는지 몰라요

카톡만 울려져도 가슴속이 철렁해져

좋으면 믿어야 한다지 다 아는걸 나만 왜 몰랐지

천사처럼 예쁜 여인 그때는 눈 감기 걸렸나 봐

그댄 한 조각 구름이냐고

그대만 좋아하느라 얼마나 힘들었는지 아느냐고

미련했지만 자존심 상해도 견뎌내고

끝내 지켜 내야지 다짐했는데 안 되면 되게 한다고

내빼면 붙잡고 마음 가슴속에 담으려고

청춘 자존심 구기며 참아도 바람이듯 스쳐 간 사람

추억뿐이면 그댄 한 조각구름이냐고

뭐 그리 당당하냐고

그 좋았던 마음들 추억에 곱게 묻고 떠나려는데

목 안 가시이듯 맘에 걸려 주저했는데

마음은 알아주길 바랐는데 당연하다는 모습에

화나도 용서해야지 가슴속 두드려 본다

뭐 그리도 당당해 뉘우침도 없냐고 난 그대에게

매달린 죄밖에 없는데 뭐 그리 당당하냐고

사랑 행복 더 없잖소

좋아하는 나 당신과 미래에 행복할 수만 있다면

이내 몸은 언제든지 그 길을 택하리라

당신과 나 밤낮 웃음 안고 살 수 있다면 험한 길도

마다 않고 당신과 행복 웃음길 걷겠소

눈감고 깊은 잠들어도 당신 나 오직 한마음으로

웃으며 산다면 사랑 행복 더 없잖소

날 버린 너 꼴 이게 뭐야

날 휴지 조각들 버리듯 내버려도 널 여태까지도

기다렸는데 어떤 땐 잊자 다짐했지만

너처럼 촐랑촐랑 바람에 구름 가듯 떠나지 않잖아

너 쓰러지면 일으켜 세우고 아프면 같이

아파하는데 왜 어그러졌는지 날 버린 꼴이게 뭐야

야박하게 내치면서 날 버린 너 꼴 이게 뭐야

인생 터널이 길기도 하다

세상살이 다 태양이거니 했는데 깜깜한 터널이야

애달프게 울어 대도 아무도 모르잖니

사랑살이가 단풍잎이냐 살다 보면 낙엽 밟는 느낌

오색단풍잎도 떨어지면 낙엽이니까

설레던 가슴속도 뜨겁던 마음마저 허송세월에다

다 파묻고 나니 인생 터널이 길기도 하다

널 다시 꺼내 본다

마음속에 희미하고 가슴속에 멀어진 추억이지만

널 붙잡기로 했어 이유란 보내기 싫고

잊기엔 아까워서 왜 잊으려 했지 후회지만 보내면

영영 못 볼 것만 같아 아쉬움 크고

너 없이는 못 살겠는데 과거 추억 멀어졌던 모습들

가슴속에 깊이 묻었던 널 다시 꺼내 본다

어차피 보내야 할 사람

보내기엔 아쉬움에 놓아주기엔 그리움 사무쳐도

아무런 말 한마디 못 하는 처지인데

그대가 야속하게 쓰다 달단 한마디 없어 야속하고

서럽지만 헤어지기엔 그리움 남아

억울해도 잊어야 할 사람이라면 지긋이 눈감고서

미소로 보내려고 해 어차피 보내야 할 사람

헛소리는 왜 하는데

아닌 줄 알면서 아닌 걸 알면서 헛소리는 왜 하나

이런 사이 아니잖아 틀어질 줄 알면서

빗나갈 줄 알면서 헛소리 왜 하나 솔직하지 못하고

왜 헛소리들 해 뒷감당도 못 하면서

자신감이 술술 막 나오나 날 물로 보여 졸로 보이나

농담에도 때가 있지 헛소리는 왜 하는데

마음에 품고 가슴에 새겼는데

그대가 날 진짜 좋아해 주면 그대를 업어도 주리라

이유란 묻지도 마시고 날 믿어 주면 돼

그대만을 분명 지켜 주고 눈짓하는 모습들 볼 때면

가슴 마구 뜨거워지는데 약속 지키려

몸도 마음도 다 던졌는데 헛소리가 아냐 진심이야

그대 사랑을 마음에 품고 가슴에 새겼는데

얼굴 좀 펴고 살자

이왕 만났으니 오늘 웃고 내일도 웃으며 살자고

기뻐도 웃고 미워도 웃으며 살자고요

눈빛에 웃고 마음으로 웃는데 뭐가 문제 되냐고

웃음뿐인 그대와 나 사이 요리 좋은데

웃음을 껴안고 행복하게 멋지게 살아 가자고요

찡그리고 살게 뭐 있어 얼굴 좀 펴고 살자

뭘 미적거려요

아니면 진짜 아니면 진짜로 아니라면

차라리 싱글벙글 웃어가며 미적거리지나 말든지

죽 끓듯 변하는 세상 요동치는 사랑에

미적거리다 놓치면 어쩌나 맘에 들면 꼭 붙잡아

진짜 좋으면 시간낭비 미적거리지 마

늦기 이전에 먼저 사랑이 떠나는데 뭘 미적거려요

올 때까지 기다려야지

나 그대를 좋아하는 걸 어렴풋이 느낌들이 오는데

그대 생각 날 때면 마음도 던져 주고

스쳐 지나갈 때면 뜨겁게 껴안고픈 마음들뿐인데

참기 힘거워도 언젠가 그댈 좋아하고

있는 걸 알아 줄 날들이 오겠지 그대 생각이 날 때면

두 가슴을 부여잡고 올 때까지 기다려야지

이미 때는 늦었다

길이 아니면 가지를 말고 인연 아니면 맺지나 말걸

스쳐 간 인연이 뭐 아쉬워 자존심 버리고

촐랑촐랑 따라다니며 사랑 구걸은 왜 하는지 몰라

바른길 아니지만 늪에 푹 빠진 발목처럼

자꾸자꾸만 빠져드는데 길이 아니면 가지나 말 걸

사랑길 아닌데 후회해도 이미 때는 늦었다

가슴속 뻥 뚫려 버렸어

들불처럼 덮쳐 오는 그대 유혹에 흔들린

이 마음속 가슴속도 뻥 뚫렸어 세찬 비바람 불어도

눈보라가 몰아쳐도 흔들림이 없었는데

속삭여 주는 낮은 목소리에 마음속이 설레어지고

파도이듯 밀려온 유혹 가슴에 파릇파릇

생기마저 돌더니 꽉 막혔던 가슴속 뻥 뚫려 버렸어

보푸라기 사랑 약속 왜 했나

오지 말라고 했는데 왜 꾸역꾸역 와 놓고서
싫대도 막무가내 와 놓고 민망한지 왜 왜 눈치들만
멀뚱멀뚱 보냐고 좋다던 그 마음은 얻다 버렸어
올 땐 보푸라기 일도록 사랑한다더니
구름 약속에 바람 맹세냐 보푸라기 일도록 사랑해
말해 놓고 뚱딴지같이 보푸라기 사랑 약속 왜 했나

정에 묶여 못 가는 그 마음

마음 약해서 못 떠난 널 볼 때면 가슴속이 아리고
슬퍼지는데 그대 속가슴 더 아프겠지
정에 묶여 못 떠나는 널 볼 때면 마음속이 여려져
고운 마음 전할까 인연은 쉽지 않은데
이구동성 말들 하지만 헤어짐 만남이 어디 쉬우나
정에 묶여 못 가는 그 마음 난 알지요

당신이 그리워져요

당신은 나의 남자야 언제나 내 남자야

함께 보낸 세월들이 그 얼마인데 고운 정 미운 정

다 부비면서 쌓인 정을 무엇에 비하며

말로 형용할 수 없어도 당신과 나는 눈빛만 봐도

마음속 들킨 것처럼 두근두근 그 마음 난 알지요

당신 사랑이 자랑스럽고 당신이 그리워져요

탱글탱글 청포도 사랑하고파

그대가 잠들 때마다 들여다볼 수 있다면 내 삶들의

여한들이 없겠지 잠들은 그대 입술에

키스해 주고 싶으며 그대 아침에 깨어나는 모습까지

볼 수 있다면 종일 기쁨 열려져 긴 머리카락

쓰다듬고 싶은데 잠든 그대 모습 내 생애 젤 행복해

그대와 난 탱글탱글 청포도 사랑하고파

오라 오라 해 놓고

못 간다 했는데 자꾸자꾸만 오라기에

촐랑대며 왔더니 뭔 일인지 벌레 보듯 싫다 하는지

짓궂게 오라기에 거절 못 해 왔더니만

반기진 못할망정 본체만체 사랑도 삶아 준다기에

꾸역꾸역 쫓아왔더니 사랑 고사하고

잡은 물고기 취급해 오라 오라 해 놓고 뭐 하자는데

설레는 가슴속 어쩌면 좋아

그대를 좋아하고 싶어서 그대를 사랑하고 싶어서

갈까 말까 망설이다 마음속에 담으며

가슴속에 새겼는데 왜 두근두근 마주치면 뭐라고

말할까 혼돈 속에 머리통 쥐어짜며

작전해도 멍해지는 머리통 그대만을 사랑하고파

좋아하고파 설레는 가슴속 어쩌면 좋아

사랑 씨앗 심었으면

나난 그대 진심 마음속 가슴속에 고이 간직 했는데

그대는 야속하게 날 모른 척하다니

농담도 아닌데 장난도 아닌데 마음 하나 돌려먹고

사랑했는데 타는 가슴속 이해해 주면

어디가 덧나나 홀라당 속은 샘치고 한 번만 믿어 봐

사랑 씨앗 심었으면 마음의 꽃이 활짝 피겠지

가슴속 콕콕 찌르지 마

구름은 지나다 뜨겁다면 햇볕 가려 주고

더위도 식혀 주는데 사랑 가시 마음속 콕콕 찔러요

강물은 목축이며 찌든 물빨래 해 주는데

당신 날 좋다며 가슴만 조여 와 함박눈도 산천초목

추울까 봐 눈 이불 덮어 주는데 덮던 이불 걷어찬

당신이 미워요 가슴속 콕콕 찌르지 마

맥주잔에 사랑 타 마셔 보나

나 그대가 생각나고 나 그대 보고 싶으면 벽에다가
웃는 사진 걸어 놓고 참 예쁘기도 해라
참선하기도 해라 보고만 싶으면 전화로 불러 내어
노닥거리며 생맥주로 목구멍 축이고
아름다운 당신 모습을 오늘이 아니면 언제쯤에나
입 아프게 웃으며 맥주잔에 사랑 타 마셔 보나

찌그러지면

한들한들대며 살아가나 건들건들대며 살아 가나
인생살이 다 같은 것을
하늘하늘 대며 살아가나 철벅철벅대며 살아 가나
사랑살이가 다 같은 것을
지지고 볶으며 살아 가나 하하 호호 웃고 살아 가나
시간은 누구나 같은데 신경까지 써가며
살 일이 뭐가 있는데 찌그러지면 찌그린 대로
펴지면 펴지는 대로 살아 가야지

아무리 밉더라도

밉더냐 어미가 그리도 밉더냐 뭐가 그리도 밉더냐

미워도 아무리 어미가 밉더라도

내 갈 길을 네가 제쳐 놓고 어찌 먼저 가려 하느냐

이렇게 네 먼저 떠나면 남들 뭐라고

손가락질하겠느냐 서운해도 참지 그러나

어미의 마음이 너무도 아프다

잣나무야

잣나무야 잣나무야 네 정성이 대단하구나

그 무거운 솔방울 가느다란 가지에 이고지고

매달려 열매하나 햇볕 쫴 익혀 보려고

하늘 향한 마음씨 장하다 그 높은 꼭대기에 매달려

태양 바라보고 있으니 어느 부모 힘드는데

저렇게 당당하게 버티면 고개 아프다고 걱정이겠지

잣나무야 잣나무야

세상에 부모님 잣나무처럼 자식들 길렀으면

심술 파도야

파도야 동해파도야 심술 파도야 넌 날 자주 보건만

넌 날 모르는 척하는 거야

올 때마다 눈을 부라리고 가면을 뒤집어쓰고

잡아 삼킬 듯이 인상 찌그리고 대드느냐

너의 순한 마음 언제 볼 꺼나

파도야 너 눈에는 미운 놈이 더 많아 보이겠지

심술 파도야 너 순한 마음 봤으면 했는데

사랑과 이별

화날 때 마다 화풀이 다 하며 살 수가 없듯이

오장육부가 썩어 문드러지는데 어떡해

그래도 인간은 사물을 구분하니까

가야 할 길이 있고 멈춰야 할 길이 있잖아

이별은 이별이고 사랑은 사랑이야

사랑과 이별이란 인간이면 겪어야 할 숙명인가

싫고 필요가 없으면 버리는 것도 한 방법

한적한 곳 처박아 놓고 기다리는 것도 한 방법

버림이 좋은지 보관이 좋은지

아무도 모르는 게 세상의 이치이라지만

인생사 세상사 신도 모르는 게 정답이겠지

역주행 말고 흐름대로 살자

걸어온 발자취

ⓒ 권기동, 2026

초판 1쇄 발행 2026년 2월 4일

지은이   권기동
펴낸이   이기봉
편집   좋은땅 편집팀
펴낸곳   도서출판 좋은땅
주소   서울특별시 마포구 양화로12길 26 지월드빌딩 (서교동 395-7)
전화   02)374-8616~7
팩스   02)374-8614
이메일   gworldbook@naver.com
홈페이지 www.g-world.co.kr

ISBN   979-11-388-5374-3 (03670)